Thajská Kuchyňa
Exotické Aromy Kráľovstva Siamu

Petra Nováková

Zhrnutie

Krevety s liči omáčkou 10
Dusené krevety s mandarínkou 11
Krevety s mletou omáčkou 12
Krevety s čínskymi hubami 13
Krevety a vyprážaný hrášok 14
Krevety s mangovým chutney 15
Vyprážané krevetové fašírky s cibuľovou omáčkou 16
Mandarínkové krevety s hráškom 17
Pekingské krevety 18
Krevety s paprikou 19
Vyprážané krevety s bravčovým mäsom 20
Vyprážané jumbo krevety so sherry omáčkou 21
restované sezamové krevety 22
Dusené krevety s ich škrupinami 23
Vyprážané krevety 24
krevetová tempura 25
pod gumou 26
Tofu krevety 27
Paradajkové krevety 28
Krevety v paradajkovej omáčke 29
Krevety s paradajkovou a čili omáčkou 30
Krevety restované v paradajkovej omáčke 31
Krevety so zeleninou 32
Krevety s vodnými gaštanmi 33
krevetové ravioli 34
mušle s kuracím mäsom 35
Abalone so špargľou 36
Abalone s hubami 37
Abalone s ustricovou omáčkou 38
dusené mušle 39
Mušle fazuľové klíčky 39
Zázvorové a cesnakové mušle 41

vyprážané mušle *42*
krabí koláč *43*
Krém z krabov 44
Čínske krabie mäso s listami 45
Krab Foo Yung s fazuľovými klíčkami 46
zázvorový krab 47
Krab Lo Mein 48
Vyprážaný krab s bravčovým mäsom 49
Dusené krabie mäso 50
Vyprážané kalmáre 51
Kantonský homár 52
vyprážaný homár 53
Dusený homár so šunkou 54
Homár s hubami 55
Bravčové homáre chvosty 56
dusený homár 57
homárske hniezdo 59
Mušle s omáčkou z čiernej fazule 60
Zázvorové mušle 61
Dusené mušle 62
vyprážané ustrice 62
Ustrice so slaninou 63
Vyprážané ustrice so zázvorom 64
Ustrice s omáčkou z čiernej fazule 65
Hrebenatka s bambusovými výhonkami 66
Vajcoví pútnici 67
Brokolicové hrebenatky 68
Zázvoroví pútnici 70
mušle so šunkou 71
Miešané vajcia s mušľami a bylinkami 72
Pútnici a smažená cibuľa 73
Zeleninoví pútnici 74
Paprikoví pútnici 75
Chobotnica s fazuľovými klíčkami 76
Vyprážané chobotnice 77
Balenie chobotnice 78

Vyprážané kalamáre	80
dusená chobotnica	81
Chobotnica so sušenými hubami	82
Chobotnica so zeleninou	83
Hovädzí guláš s anízom	84
Teľacie mäso so špargľou	85
Hovädzie mäso s bambusovými výhonkami	86
Hovädzie mäso s bambusovými výhonkami a hubami	87
Dusené hovädzie mäso na čínsky spôsob	88
Hovädzie mäso s fazuľovými klíčkami	89
Hovädzie mäso s brokolicou	90
Sezamový steak s brokolicou	91
Grilované mäso	93
Kantonské mäso	94
Hovädzie mäso s mrkvou	95
Mäso z kešu oriešok	95
Hovädzí pomalý hrniec	96
Hovädzie mäso s karfiolom	97
Teľacie mäso so zelerom	98
Vyprážané hovädzie plátky so zelerom	99
Plátky hovädzieho mäsa s kuracím mäsom a zelerom	100
Chilli mäso	102
Hovädzie mäso s čínskou kapustou	103
Teľací kotleta Suey	104
uhorka hovädzie mäso	106
mäso chow mein	107
uhorková pečienka	108
Pečené hovädzie kari	109
marinované mušle	110
Guláš z bambusových výhonkov	112
Uhorkové kura	113
Sezamové kura	114
Zázvorové liči	115
Červené varené kuracie krídelká	116
Krabie mäso s uhorkou	117
marinovaná huba	118

Nakladané cesnakové huby ... 119
Krevety a karfiol ... 120
Sezamové šunkové tyčinky ... 121
studené tofu ... 122
Kuracie slanina ... 123
Kuracie a banánové hranolky ... 124
Kuracie mäso so zázvorom a hubami ... 125
kuracie mäso a šunka ... 127
Grilovaná kuracia pečeň ... 128
Krabie guľôčky s vodnými gaštanmi ... 129
dim sum ... 130
Rolky so šunkou a kuracím mäsom ... 131
Pečená šunka víria ... 133
pseudoúdená ryba ... 134
varené huby ... 136
Huby v ustricovej omáčke ... 137
Bravčové rolky a šalát ... 138
Bravčové a gaštanové fašírky ... 140
Vepřo knedlo ... 141
Bravčové a hovädzie buchty ... 142
motýlie krevety ... 143
Čínske krevety ... 144
dračí oblak ... 145
chrumkavé krevety ... 146
Krevety so zázvorovou omáčkou ... 147
Krevety a rezancové rolky ... 148
krevetový toast ... 150
Bravčové mäso a krevety Wonton so sladkokyslou omáčkou ... 151
Kuracia polievka ... 153
Polievka z bravčového mäsa a fazuľových klíčkov ... 154
Abalone a hubová polievka ... 155
Kuracia a špargľová polievka ... 157
Vývar ... 158
Čínska polievka z hovädzieho mäsa a listov ... 159
Kapustová polievka ... 160
Pikantná hovädzia polievka ... 161

nebeská polievka	163
Polievka s kuracím mäsom a bambusovými výhonkami	164
Kuracia a kukuričná polievka	165
Kuracia a zázvorová polievka	166
Slepačia polievka s čínskymi hubami	167
Kuracia a ryžová polievka	168
Kuracia a kokosová polievka	169
Polievka z mušlí	170
vajíčková polievka	171
Polievka z kraba a hrebenatky	172
krabia polievka	174
Rybacia polievka	175
Rybacia polievka a šalát	176
Zázvorová polievka s mäsovými guľkami	178
horúca a kyslá polievka	179
Hubová polievka	180
Hubová a kapustová polievka	181
Hubová vaječná polievka	182
Hubová a gaštanová polievka s vodou	183
Bravčové mäso a hubová polievka	184
Polievka z bravčového mäsa a žeruchy	185
Uhorková bravčová polievka	186
Mäsová guľa a rezancová polievka	187
Špenátová a tofu polievka	188
Polievka zo sladkej kukurice a krabov	189
sečuánska polievka	190
tofu polievka	192
Ryba a tofu polievka	193
Paradajková polievka	194
Paradajková polievka a špenátová polievka	195
repová polievka	196
polievka	197
vegetariánska polievka	198
žeruchová polievka	199
Vyprážané ryby so zeleninou	200
Celá pečená ryba	202

Dusená sójová ryba 203
Sójová ryba v ustricovej omáčke 204
dusený morský vlk 206
Dusená ryba s hubami 207
sladkokyslé ryby 209
Ryby plnené bravčovým mäsom 211
Pomaly varený pikantný kapor 213

Krevety s liči omáčkou

Pre 4 osoby

50 g / 2 oz / ¬Ω jedna šálka (takže)

Múka

2,5 ml / ¬Ω lyžičky soli

1 vajce, zľahka rozšľahané

30 ml / 2 polievkové lyžice vody

450 g ošúpaných kreviet

olej na vyprážanie

30 ml / 2 polievkové lyžice arašidového oleja (arašidy).

2 plátky zázvoru, nasekané

30 ml / 2 polievkové lyžice octu

5 ml / 1 lyžička cukru

2,5 ml / ¬Ω lyžičky soli

15 ml / 1 polievková lyžica sójovej omáčky

200 g plechovky liči, scedené

Múku, soľ, vajcia a vodu šľaháme, kým nám nevznikne cesto, v prípade potreby pridáme trochu vody. Zmiešajte s krevetami, kým nie sú dobre pokryté. Rozpálime olej a krevety na ňom pár minút opekáme dozlatista a chrumkava. Nechajte odkvapkať na papierových utierkach a vložte do teplej misy. Medzitým rozohrejeme olej a 1 minútu na ňom orestujeme zázvor. Pridajte ocot, cukor, soľ a sóju. Pridajte liči a miešajte, kým sa nezohreje a nepokryje omáčkou. Nalejte na krevety a ihneď podávajte.

Dusené krevety s mandarínkou

Pre 4 osoby

60 ml / 4 polievkové lyžice arašidového oleja (arašidy).
1 strúčik cesnaku, rozdrvený
1 plátok zázvoru, jemne nasekaný
450 g ošúpaných kreviet
30 ml / 2 lyžice ryžového vína alebo suchého sherry 30 ml / 2 lyžice sójovej omáčky
15 ml / 1 polievková lyžica kukuričnej múky (kukuričný škrob)
45 ml / 3 polievkové lyžice vody

Rozpálime olej a opražíme cesnak a zázvor dozlatista. Pridajte krevety a smažte 1 minútu. Pridajte víno alebo sherry a dobre premiešajte. Pridajte sójovú omáčku, kukuričný škrob a vodu a smažte 2 minúty.

Krevety s mletou omáčkou

Pre 4 osoby

5 sušených čínskych húb

225 g fazuľových klíčkov

60 ml / 4 polievkové lyžice arašidového oleja (arašidy).

5 ml / 1 čajová lyžička soli

2 stonky zeleru, nakrájané

4 jarné cibuľky (zelená cibuľka), nakrájané

2 strúčiky cesnaku, nasekané

2 plátky zázvoru, nasekané

60 ml / 4 polievkové lyžice vody

15 ml / 1 polievková lyžica sójovej omáčky

15 ml / 1 polievková lyžica ryžového vína alebo suchého sherry

225 g / 8 oz Mange tout (hrášok)

225 g ošúpaných kreviet

15 ml / 1 polievková lyžica kukuričnej múky (kukuričný škrob)

Huby namočíme na 30 minút do vlažnej vody, potom scedíme. Odstráňte stonky a odrežte hlavy. Fazuľové klíčky blanšírujeme vo vriacej vode 5 minút a dobre scedíme. Polovicu oleja zohrejte a 1 minútu opečte soľ, zeler, jarnú cibuľku a fazuľové klíčky, potom vyberte z panvice. Zohrejeme zvyšný olej a opražíme cesnak a zázvor dozlatista. Pridajte polovicu vody, sójovú omáčku, víno alebo sherry, snehový hrášok a krevety, priveďte do varu a duste 3 minúty. Kukuričný škrob a zvyšnú vodu vymiešame na pastu, pridáme do panvice a za stáleho miešania dusíme, kým omáčka nezhustne. Zeleninu vrátime do panvice, dusíme do horúca. Ihneď podávajte.

Krevety s čínskymi hubami

Pre 4 osoby

8 sušených čínskych húb
45 ml / 3 lyžice arašidového oleja (arašidy).
3 plátky koreňa zázvoru, nasekané
450 g ošúpaných kreviet
15 ml / 1 polievková lyžica sójovej omáčky
5 ml / 1 čajová lyžička soli
60 ml / 4 polievkové lyžice rybieho vývaru

Huby namočíme na 30 minút do vlažnej vody, potom scedíme. Odstráňte stonky a odrežte hlavy. Zahrejte polovicu oleja a opečte zázvor do zlatista. Pridajte krevety, sójovú omáčku a soľ a smažte, kým nie sú pokryté olejom, potom vyberte z panvice.

Zohrejte zvyšok oleja a opečte šampiňóny, kým nebudú pokryté olejom. Pridajte vývar, priveďte do varu, prikryte a duste 3 minúty. Krevety vráťte na panvicu a miešajte, kým sa nezahrejú.

Krevety a vyprážaný hrášok

Pre 4 osoby

450 g ošúpaných kreviet
5 ml / 1 ČL sezamového oleja
5 ml / 1 čajová lyžička soli
30 ml / 2 polievkové lyžice arašidového oleja (arašidy).
1 strúčik cesnaku, rozdrvený
1 plátok zázvoru, jemne nasekaný
225 g mrazeného alebo blanšírovaného hrášku, rozmrazeného
4 jarné cibuľky (zelená cibuľka), nakrájané
30 ml / 2 polievkové lyžice vody
soľ a korenie

Krevety premiešajte so sezamovým olejom a soľou. Rozohrejte olej a 1 minútu opečte cesnak a zázvor. Pridajte krevety a smažte 2 minúty. Pridajte hrášok a opražte 1 minútu. Pridajte jarnú cibuľku a vodu a podľa potreby dochuťte soľou, korením a trochou sezamového oleja. Pred podávaním zahrejte, jemne miešajte.

Krevety s mangovým chutney

Pre 4 osoby
12 kreviet
soľ a korenie
šťava z 1 citróna
30 ml / 2 polievkové lyžice kukuričnej múky (kukuričný škrob)
1 mango
5 ml / 1 lyžička horčičného prášku
5 ml / 1 čajová lyžička medu
30 ml / 2 lyžice kokosovej smotany
30 ml / 2 polievkové lyžice jemného kari
120 ml / 4 fl oz / ¬Ω šálka kuracieho vývaru
45 ml / 3 lyžice arašidového oleja (arašidy).
2 strúčiky cesnaku, nasekané
2 jarné cibuľky (zelená cibuľka), nakrájané
1 fenikel nakrájaný nadrobno
100 g mangového chutney

Ošúpte krevety, chvosty nechajte neporušené. Posypte soľou, korením a citrónovou šťavou, potom zasypte polovicou kukuričného škrobu. Mango ošúpeme, dužinu odrežeme od kosti a dužinu nakrájame na kocky. Zmiešame horčicu, med, kokosovú smotanu, kari, zvyšný kukuričný škrob a vývar. Polovicu oleja rozohrejeme a cesnak, jarnú cibuľku a fenikel na ňom opražíme 2 minúty. Pridajte vývar, priveďte do varu a varte 1 minútu. Pridajte kocky manga a horúcu omáčku a zohrejte na miernom ohni, potom preneste do teplej servírovacej misky. Zohrejte zvyšok oleja a krevety smažte 2 minúty. Pridajte zeleninu a ihneď podávajte.

Vyprážané krevetové fašírky s cibuľovou omáčkou

Pre 4 osoby

3 vajcia, zľahka rozšľahané
45 ml / 3 polievkové lyžice múky (na všetky použitia).
soľ a čerstvo mleté korenie
450 g ošúpaných kreviet
olej na vyprážanie
15 ml / 1 polievková lyžica arašidového oleja (arašidový olej).

2 cibule, nakrájané
15 ml / 1 polievková lyžica kukuričnej múky (kukuričný škrob)
30 ml / 2 polievkové lyžice sójovej omáčky
175 ml / 6 fl oz / ¬œ šálka vody

Zmiešame vajcia, múku, soľ a korenie. Namáčajte krevety v cestíčku. Rozohrejte olej a opečte krevety, kým nie sú zlatohnedé. Medzitým rozohrejeme olej a 1 minútu na ňom opražíme cibuľu. Zmiešajte ostatné ingrediencie, kým vám nevznikne pasta, pridajte cibuľu a varte za stáleho miešania, kým omáčka nezhustne. Krevety sceďte a vložte do teplej misky. Polejeme omáčkou a ihneď podávame.

Mandarínkové krevety s hráškom

Pre 4 osoby
60 ml / 4 polievkové lyžice arašidového oleja (arašidy).
1 strúčik cesnaku, nasekaný
1 plátok zázvoru, jemne nasekaný
450 g ošúpaných kreviet
30 ml / 2 polievkové lyžice ryžového vína alebo suchého sherry
225 g mrazeného hrášku, rozmrazeného

30 ml / 2 polievkové lyžice sójovej omáčky

15 ml / 1 polievková lyžica kukuričnej múky (kukuričný škrob)

45 ml / 3 polievkové lyžice vody

Rozpálime olej a opražíme cesnak a zázvor dozlatista. Pridajte krevety a smažte 1 minútu. Pridajte víno alebo sherry a dobre premiešajte. Pridajte hrášok a duste 5 minút. Pridáme zvyšné ingrediencie a opekáme 2 minúty.

Pekingské krevety

Pre 4 osoby

30 ml / 2 polievkové lyžice arašidového oleja (arašidy).

2 strúčiky cesnaku, nasekané

1 plátok zázvoru, jemne nasekaný

225 g ošúpaných kreviet

4 jarné cibuľky (zelené cibuľky), nakrájané na hrubé plátky

120 ml / 4 fl oz / ¬Ω šálka kuracieho vývaru

5 ml / 1 lyžička. lyžička hnedého cukru

5 ml / 1 lyžička sójovej omáčky

5 ml / 1 lyžička. 1/2 lyžičky hoisinovej omáčky

5 ml / 1 ČL omáčky Tabasco

Rozpálime olej s cesnakom a zázvorom a opekáme, kým cesnak nie je jemne zlatistý. Pridajte krevety a smažte 1 minútu. Pridajte pažítku a smažte 1 minútu. Pridáme ostatné suroviny, privedieme do varu, prikryjeme a za občasného miešania varíme 4 minúty. Skontrolujte korenie a ak chcete, pridajte trochu viac Tabasca.

Krevety s paprikou

Pre 4 osoby

30 ml / 2 polievkové lyžice arašidového oleja (arašidy).

1 zelená paprika, nakrájaná na kúsky

450 g ošúpaných kreviet

10 ml / 2 ČL kukuričnej múky (kukuričný škrob)

60 ml / 4 polievkové lyžice vody

5 ml / 1 ČL ryžového vína alebo suchého sherry

2,5 ml / ¬Ω lyžičky soli

45 ml / 2 polievkové lyžice paradajkového pretlaku √ © e (cestoviny)

Rozohrejeme olej a papriky opražíme 2 minúty. Pridajte krevety a paradajkový pretlak a dobre premiešajte. Z kukuričnej krupice, vína alebo sherry a soli vymiešame pastu, vmiešame do panvice a dusíme za stáleho miešania, kým sa omáčka nevyjasní a nezhustne.

Vyprážané krevety s bravčovým mäsom

Pre 4 osoby

225 g ošúpaných kreviet
100 g chudého bravčového mäsa, nakrájaného
60 ml / 4 lyžice ryžového vína alebo suchého sherry
1 vaječný bielok
45 ml / 3 lyžice kukuričnej múky (kukuričný škrob)
5 ml / 1 čajová lyžička soli
15 ml / 1 polievková lyžica vody (voliteľné)
90 ml / 6 lyžíc arašidového oleja (arašidový olej).
45 ml / 3 polievkové lyžice rybieho vývaru
5 ml / 1 ČL sezamového oleja

Vložte krevety a bravčové mäso do samostatných misiek. Zmiešajte 45 ml/3 lyžice vína alebo sherry, vaječný bielok, 30 ml/2 lyžice kukuričného škrobu a soľ do hladka, v prípade potreby pridajte vodu. Rozdeľte zmes medzi bravčové mäso a krevety a dobre premiešajte, aby sa obalila. Rozpálime olej a pár minút opekáme bravčové mäso a krevety do zlatista. Vyberte z panvice a nalejte všetko okrem 15 ml/1 polievkovú lyžicu oleja. Pridajte vývar do panvice so zvyšným vínom alebo sherry a kukuričným škrobom. Priveďte do varu a za stáleho miešania varte, kým omáčka nezhustne. Nalejte na krevety a bravčové mäso a podávajte posypané sezamovým olejom.

Vyprážané jumbo krevety so sherry omáčkou

Pre 4 osoby

50 g / 2 oz / ¬Ω šálka univerzálnej múky.

2,5 ml / ¬Ω lyžičky soli

1 vajce, zľahka rozšľahané

30 ml / 2 polievkové lyžice vody

450 g ošúpaných kreviet

olej na vyprážanie

15 ml / 1 polievková lyžica arašidového oleja (arašidový olej).

1 cibuľu nakrájanú nadrobno

45 ml / 3 lyžice ryžového vína alebo suchého sherry

15 ml / 1 polievková lyžica sójovej omáčky

120 ml / 4 fl oz / ¬Ω šálka rybieho vývaru

10 ml / 2 ČL kukuričnej múky (kukuričný škrob)
30 ml / 2 polievkové lyžice vody

Múku, soľ, vajcia a vodu šľaháme, kým nám nevznikne cesto, v prípade potreby pridáme trochu vody. Zmiešajte s krevetami, kým nie sú dobre pokryté. Rozpálime olej a krevety na ňom pár minút opekáme dozlatista a chrumkava. Nechajte odkvapkať na papierových utierkach a vložte do teplej misy. Medzitým rozohrejeme olej a opražíme na ňom cibuľu do mäkka. Pridajte víno alebo sherry, sójovú omáčku a vývar, priveďte do varu a varte 4 minúty. Miešajte maizenu a vodu, kým sa nevytvorí pasta, pridajte do panvice a za stáleho miešania varte, kým sa omáčka nevyjasní a nezhustne.

restované sezamové krevety

Pre 4 osoby

450 g ošúpaných kreviet
¬Ω vaječný bielok
5 ml / 1 lyžička sójovej omáčky
5 ml / 1 ČL sezamového oleja
50 g / 2 oz / ¬Ω šálka kukuričnej múčky (kukuričný škrob)

soľ a čerstvo mleté biele korenie
olej na vyprážanie
60 ml / 4 polievkové lyžice sezamových semienok
Listy šalátu

Krevety zmiešame s bielkom, sójou, sezamovým olejom, kukuričným škrobom, soľou a korením. Ak je zmes príliš hustá, pridajte trochu vody. Rozohrejte olej a krevety pár minút opekajte, kým trochu nezafarbia. Medzitým si na suchej panvici krátko opražíme sezamové semienka do zlatista. Krevety scedíme a zmiešame so sezamovými semienkami. Podávajte na šalátovom lôžku.

Dusené krevety s ich škrupinami

Pre 4 osoby

60 ml / 4 polievkové lyžice arašidového oleja (arašidy).
750 g / 1¬Ω lb lúpaných kreviet
3 jarné cibuľky (zelená cibuľka), nakrájané
3 plátky koreňa zázvoru, nasekané
2,5 ml / ¬Ω lyžičky soli
15 ml / 1 polievková lyžica ryžového vína alebo suchého sherry

120 ml / 4 fl oz / ¬Ω šálka kečupu (kečup)
15 ml / 1 polievková lyžica sójovej omáčky
15 ml / 1 polievková lyžica cukru
15 ml / 1 polievková lyžica kukuričnej múky (kukuričný škrob)
60 ml / 4 polievkové lyžice vody

Zahrejte olej a smažte krevety 1 minútu, ak sú varené, alebo do ružova, ak sú surové. Pridajte jarnú cibuľku, zázvor, soľ a víno alebo sherry a smažte 1 minútu. Pridáme kečup, sóju a cukor a smažíme 1 minútu. Zmiešajte kukuričný škrob a vodu, nalejte do hrnca a za stáleho miešania varte, kým omáčka nezosvetlí a nezhustne.

Vyprážané krevety

Pre 4 osoby

75 g / 3 oz / raž ¬ šálka kukuričnej múčky (kukuričný škrob)
1 vaječný bielok
5 ml / 1 ČL ryžového vína alebo suchého sherry
Soľ
350 g ošúpaných kreviet
olej na vyprážanie

Z kukuričného škrobu, bielkov, vína alebo sherry a štipky soli vyšľaháme hustú pastu. Ponorte krevety do cesta, kým nebudú dobre pokryté. Rozohrejte olej a krevety na ňom pár minút opekajte do zlatista. Odstráňte z oleja, zohrejte, kým nie sú horúce, a potom opečte krevety, kým nie sú chrumkavé a zlaté.

krevetová tempura

Pre 4 osoby

450 g ošúpaných kreviet
30 ml / 2 polievkové lyžice múky (na všetky použitia).
30 ml / 2 polievkové lyžice kukuričnej múky (kukuričný škrob)
30 ml / 2 polievkové lyžice vody
2 rozšľahané vajcia
olej na vyprážanie

Krevety rozrežte na polovicu pozdĺž vnútornej strany krivky a otvorte ich, aby vytvorili tvar motýľa. Miešajte múku, kukuričný škrob a vodu, kým sa nevytvorí cesto, potom pridajte vajcia. Rozohrejte olej a opečte krevety, kým nie sú zlatohnedé.

pod gumou

Pre 4 osoby

30 ml / 2 polievkové lyžice arašidového oleja (arašidy).

2 jarné cibuľky (zelená cibuľka), nakrájané

1 strúčik cesnaku, rozdrvený

1 plátok zázvoru, jemne nasekaný

100 g kuracích pŕs, nakrájaných na prúžky

100 g šunky nakrájanej na prúžky

100 g bambusových výhonkov nakrájaných na prúžky

100 g vodných gaštanov nakrájaných na prúžky

225 g ošúpaných kreviet

30 ml / 2 polievkové lyžice sójovej omáčky

30 ml / 2 polievkové lyžice ryžového vína alebo suchého sherry

5 ml / 1 čajová lyžička soli

5 ml / 1 lyžička cukru

5 ml / 1 ČL kukuričnej múky (kukuričný škrob)

Rozpálime olej a opražíme jarnú cibuľku, cesnak a zázvor dozlatista. Pridajte kuracie mäso a opekajte 1 minútu. Pridajte šunku, bambusové výhonky a vodné gaštany a smažte 3 minúty. Pridajte krevety a smažte 1 minútu. Pridajte sójovú omáčku, víno alebo sherry, soľ a cukor a smažte 2 minúty. Zmiešajte kukuričný škrob s trochou vody, nalejte do panvice a varte na miernom ohni za stáleho miešania 2 minúty.

Tofu krevety

Pre 4 osoby

45 ml / 3 lyžice arašidového oleja (arašidy).
225 g tofu nakrájaného na kocky
1 jarná cibuľka (zelená cibuľka), nakrájaná
1 strúčik cesnaku, rozdrvený
15 ml / 1 polievková lyžica sójovej omáčky
5 ml / 1 lyžička cukru
90 ml / 6 polievkových lyžíc rybieho vývaru
225 g ošúpaných kreviet
15 ml / 1 polievková lyžica kukuričnej múky (kukuričný škrob)
45 ml / 3 polievkové lyžice vody

Polovicu oleja zohrejte a tofu opečte, kým jemne nezhnedne, potom vyberte z panvice. Zohrejeme zvyšok oleja a opražíme jarnú cibuľku a cesnak dozlatista. Pridáme sóju, cukor a vývar a privedieme do varu. Pridajte krevety a miešajte na miernom ohni 3 minúty. Kukuričnú krupicu a vodu zmiešame na pastu, pridáme do hrnca a za stáleho miešania dusíme, kým omáčka nezhustne. Tofu vrátime na panvicu a dusíme, kým sa nezohreje.

Paradajkové krevety

Pre 4 osoby

2 bielka

30 ml / 2 polievkové lyžice kukuričnej múky (kukuričný škrob)

5 ml / 1 čajová lyžička soli

450 g ošúpaných kreviet

olej na vyprážanie

30 ml / 2 polievkové lyžice ryžového vína alebo suchého sherry

225 g ošúpaných paradajok zbavených jadier a nakrájaných paradajok

Zmiešame bielka, kukuričný škrob a soľ. Pridajte krevety, kým nie sú dobre pokryté. Zohrejte olej a opečte krevety, kým nie sú uvarené. Nalejte všetko okrem 15 ml/1 polievkovú lyžicu oleja a zohrejte. Pridajte víno alebo sherry a paradajky a priveďte do varu. Pridajte krevety a pred podávaním ich rýchlo prehrejte.

Krevety v paradajkovej omáčke

Pre 4 osoby

30 ml / 2 polievkové lyžice arašidového oleja (arašidy).
1 strúčik cesnaku, rozdrvený
2 plátky zázvoru, nasekané
2,5 ml / ¬Ω lyžičky soli
15 ml / 1 polievková lyžica ryžového vína alebo suchého sherry
15 ml / 1 polievková lyžica sójovej omáčky
6 ml / 4 polievkové lyžice kečupu (kečup)
120 ml / 4 fl oz / ¬Ω šálka rybieho vývaru
350 g ošúpaných kreviet
10 ml / 2 ČL kukuričnej múky (kukuričný škrob)
30 ml / 2 polievkové lyžice vody

Rozpálime olej a 2 minúty opekáme cesnak, zázvor a soľ. Pridajte víno alebo sherry, sójovú omáčku, kečup a vývar a priveďte do varu. Pridajte krevety, prikryte a varte 2 minúty. Kukuričnú krupicu a vodu zmiešame na pastu, nalejeme do panvice a za stáleho miešania dusíme, kým sa omáčka nevyjasní a nezhustne.

Krevety s paradajkovou a čili omáčkou

Pre 4 osoby

60 ml / 4 polievkové lyžice arašidového oleja (arašidy).
15 ml / 1 polievková lyžica jemne nasekaného zázvoru
15 ml / 1 polievková lyžica jemne nasekaného cesnaku
15 ml / 1 polievková lyžica nasekanej pažítky
60 ml / 4 polievkové lyžice paradajkového pretlaku √ © e
(cestoviny)
15 ml / 1 polievková lyžica horúcej omáčky
450 g ošúpaných kreviet
15 ml / 1 polievková lyžica kukuričnej múky (kukuričný škrob)
15 ml / 1 polievková lyžica vody

Rozpálime olej a 1 minútu opekáme zázvor, cesnak a jarnú cibuľku. Pridajte paradajkový pretlak a horúcu omáčku a dobre premiešajte. Pridajte krevety a smažte 2 minúty. Kukuričnú krupicu a vodu zmiešame na hladkú kašu, vmiešame do panvice a dusíme, kým omáčka nezhustne. Ihneď podávajte.

Krevety restované v paradajkovej omáčke

Pre 4 osoby

50 g / 2 oz / ¬Ω šálka univerzálnej múky.

2,5 ml / ¬Ω lyžičky soli

1 vajce, zľahka rozšľahané

30 ml / 2 polievkové lyžice vody

450 g ošúpaných kreviet

olej na vyprážanie

30 ml / 2 polievkové lyžice arašidového oleja (arašidy).

1 cibuľu nakrájanú nadrobno

2 plátky zázvoru, nasekané

75 ml / 5 lyžíc kečupu (kečup)

10 ml / 2 ČL kukuričnej múky (kukuričný škrob)

30 ml / 2 polievkové lyžice vody

Múku, soľ, vajcia a vodu šľaháme, kým nám nevznikne cesto, v prípade potreby pridáme trochu vody. Zmiešajte s krevetami, kým nie sú dobre pokryté. Rozpálime olej a krevety na ňom pár minút opekáme dozlatista a chrumkava. Nechajte odkvapkať na papierových utierkach.

Medzitým rozohrejeme olej a opražíme na ňom cibuľu a zázvor do mäkka. Pridajte kečup a varte 3 minúty. Kukuričnú krupicu a vodu zmiešame na pastu, pridáme do hrnca a za stáleho miešania dusíme, kým omáčka nezhustne. Vložte krevety do panvice a varte, kým sa nezohrejú. Ihneď podávajte.

Krevety so zeleninou

Pre 4 osoby

15 ml / 1 polievková lyžica arašidového oleja (arašidový olej).

225 g / 8 uncí ružičiek brokolice

225 g šampiňónov

225 g bambusových výhonkov nakrájaných na plátky

450 g ošúpaných kreviet

120 ml / 4 fl oz / ¬Ω šálka kuracieho vývaru

5 ml / 1 ČL kukuričnej múky (kukuričný škrob)

5 ml / 1 ČL ustricovej omáčky

2,5 ml / ¬Ω lyžičky cukru

2,5 ml / ¬Ω čajová lyžička strúhaného koreňa zázvoru

štipka čerstvo mletého korenia

Rozpálime olej a brokolicu opekáme 1 minútu. Pridajte huby a bambusové výhonky a smažte 2 minúty. Pridajte krevety a smažte 2 minúty. Zmiešajte ostatné ingrediencie a pridajte do zmesi kreviet. Privedieme do varu, premiešame a za stáleho miešania povaríme 1 minútu.

Krevety s vodnými gaštanmi

Pre 4 osoby

60 ml / 4 polievkové lyžice arašidového oleja (arašidy).

1 strúčik cesnaku, nasekaný

1 plátok zázvoru, jemne nasekaný

450 g ošúpaných kreviet

30 ml / 2 lyžice ryžového vína alebo suchého sherry 225 g / 8 oz vodných gaštanov, nakrájaných na plátky

30 ml / 2 polievkové lyžice sójovej omáčky

15 ml / 1 polievková lyžica kukuričnej múky (kukuričný škrob)

45 ml / 3 polievkové lyžice vody

Rozpálime olej a opražíme cesnak a zázvor dozlatista. Pridajte krevety a smažte 1 minútu. Pridajte víno alebo sherry a dobre premiešajte. Pridajte vodné gaštany a opekajte 5 minút. Pridáme zvyšné ingrediencie a opekáme 2 minúty.

krevetové ravioli

Pre 4 osoby

450 g ošúpaných kreviet, nasekaných
225 g nakrájanej miešanej zeleniny
15 ml / 1 polievková lyžica sójovej omáčky
2,5 ml / ¬Ω lyžičky soli
pár kvapiek sezamového oleja
40 wonton skinov
olej na vyprážanie

Zmiešajte krevety, zeleninu, sójovú omáčku, soľ a sezamový olej.

Ak chcete zložiť wontons, chyťte škrupinu do ľavej ruky a do stredu nalejte časť plnky. Okraje navlhčite vajíčkom a zložte škrupinu do trojuholníka, pričom okraje utesnite. Rohy navlhčite vajíčkom a zrolujte.

Rozohrejte olej a opečte na ňom wontony po niekoľkých do zlatista. Pred podávaním dobre sceďte.

mušle s kuracím mäsom

Pre 4 osoby

400 g konzervovanej mušle
30 ml / 2 polievkové lyžice arašidového oleja (arašidy).
100 g kuracích pŕs, nakrájaných na kocky
100 g bambusových výhonkov nakrájaných na plátky
250 ml / 8 fl oz / 1 šálka rybieho vývaru
15 ml / 1 polievková lyžica ryžového vína alebo suchého sherry
5 ml / 1 lyžička cukru
2,5 ml / ¬Ω lyžičky soli
15 ml / 1 polievková lyžica kukuričnej múky (kukuričný škrob)
45 ml / 3 polievkové lyžice vody

Sceďte a nakrájajte mušle, šťavu si nechajte. Zohrejte olej a opečte kurča do zlatista. Pridajte mušle a bambusové výhonky a smažte 1 minútu. Pridajte mušľovú tekutinu, vývar, víno alebo sherry, cukor a soľ, priveďte do varu a varte 2 minúty. Kukuričnú krupicu a vodu zmiešame na pastu a za stáleho miešania dusíme, kým omáčka nezosvetlí a nezhustne. Ihneď podávajte.

Abalone so špargľou

Pre 4 osoby
10 sušených čínskych húb
30 ml / 2 polievkové lyžice arašidového oleja (arašidy).
15 ml / 1 polievková lyžica vody
225 g špargle
2,5 ml / ¬Ω lyžička rybacej omáčky
15 ml / 1 polievková lyžica kukuričnej múky (kukuričný škrob)
225 g / 8 oz konzervované mušle, nakrájané na plátky
60 ml / 4 polievkové lyžice vývaru
¬Ω malá mrkva, nakrájaná na plátky
5 ml / 1 lyžička sójovej omáčky
5 ml / 1 ČL ustricovej omáčky
5 ml / 1 ČL ryžového vína alebo suchého sherry

Huby namočíme na 30 minút do vlažnej vody, potom scedíme. Stonky vyhoďte. Zahrejte 15 ml/1 ČL oleja s vodou a klobúčiky húb opekajte 10 minút. Medzitým uvaríme špargľu vo vriacej vode s rybacou omáčkou a 1 polievkovou lyžicou. 1 lyžička/5 ml kukuričného škrobu do hladka. Necháme dobre odkvapkať a dáme do teplej formy aj s piškótou. Udržujte ich v teple. Zohrejte zvyšný olej a pár sekúnd opečte mušľu, potom pridajte vývar, mrkvu, sójovú omáčku, ustricovú omáčku, víno alebo sherry a zvyšný kukuričný škrob. Varte asi 5 minút, kým sa neuvarí, potom pridajte špargľu a podávajte.

Abalone s hubami

Pre 4 osoby

6 sušených čínskych húb
400 g konzervovanej mušle
45 ml / 3 lyžice arašidového oleja (arašidy).
2,5 ml / ¬Ω lyžičky soli
15 ml / 1 polievková lyžica ryžového vína alebo suchého sherry
3 jarné cibuľky (zelené cibuľky), nakrájané na hrubé plátky

Huby namočíme na 30 minút do vlažnej vody, potom scedíme. Odstráňte stonky a odrežte hlavy. Sceďte a nakrájajte mušle, šťavu si nechajte. Zohrejte olej a opražte soľ a huby 2 minúty. Pridajte mušľovú tekutinu a sherry, priveďte do varu, prikryte a duste 3 minúty. Pridáme mušľu a jarnú cibuľku a dusíme, kým sa nezohreje. Ihneď podávajte.

Abalone s ustricovou omáčkou

Pre 4 osoby

400 g konzervovanej mušle
15 ml / 1 polievková lyžica kukuričnej múky (kukuričný škrob)
15 ml / 1 polievková lyžica sójovej omáčky
45 ml / 3 lyžice ustricovej omáčky
30 ml / 2 polievkové lyžice arašidového oleja (arašidy).
50 g nakrájanej údenej šunky

Vyprázdnite plechovku od mušlí a odložte si 90 ml/6 polievkových lyžíc tekutiny. Zmiešajte ho s kukuričným škrobom, sójovou a ustricovou omáčkou. Olej zohrejte a scedenú mušku opražte 1 minútu. Pridajte omáčkovú zmes a za stáleho miešania varte, kým sa nezahreje, asi 1 minútu. Preložíme do teplej misy a podávame so šunkou.

dusené mušle

Pre 4 osoby

24 foriem

Mušle dobre očistíme a na niekoľko hodín namočíme do osolenej vody. Opláchnite ich pod tečúcou vodou a vložte do hlbokého taniera. Položte na mriežku do parného hrnca, prikryte a duste vo vriacej vode asi 10 minút, kým sa neotvoria všetky mušle. Vyhoďte všetko, čo zostalo zatvorené. Podávame s omáčkami.

Mušle fazuľové klíčky

Pre 4 osoby

24 foriem

15 ml / 1 polievková lyžica arašidového oleja (arašidový olej).

150 g fazuľových klíčkov
1 zelená paprika, nakrájaná na prúžky
2 jarné cibuľky (zelená cibuľka), nakrájané
15 ml / 1 polievková lyžica ryžového vína alebo suchého sherry
soľ a čerstvo mleté korenie
2,5 ml / ¬Ω čajová lyžička sezamového oleja
50 g nakrájanej údenej šunky

Mušle dobre očistíme a na niekoľko hodín namočíme do osolenej vody. Opláchnite pod tečúcou vodou. Varte panvicu s vodou, pridajte mušle a varte niekoľko minút, kým sa neotvoria. Vyprázdnite a zlikvidujte všetko, čo zostane zatvorené. Odstráňte mušle zo škrupín.

Rozpálime olej a fazuľové klíčky opekáme 1 minútu. Pridáme papriku a jarnú cibuľku a restujeme 2 minúty. Pridajte víno alebo sherry a dochuťte soľou a korením. Zahrejte, potom pridajte mušle a miešajte, kým sa dobre nespoja a neprehrejú. Preložíme na teplý tanier a podávame posypané sezamovým olejom a šunkou.

Zázvorové a cesnakové mušle

Pre 4 osoby

24 foriem

15 ml / 1 polievková lyžica arašidového oleja (arašidový olej).

2 plátky zázvoru, nasekané

2 strúčiky cesnaku, nasekané

15 ml / 1 polievková lyžica vody

5 ml / 1 ČL sezamového oleja

soľ a čerstvo mleté korenie

Mušle dobre očistíme a na niekoľko hodín namočíme do osolenej vody. Opláchnite pod tečúcou vodou. Zahrejte olej a 30 sekúnd smažte zázvor a cesnak. Pridajte mušle, vodu a sezamový olej, prikryte a varte asi 5 minút, kým sa mušle neotvoria. Vyhoďte všetko, čo zostalo zatvorené. Jemne dochutíme soľou a korením a ihneď podávame.

vyprážané mušle

Pre 4 osoby

24 foriem

60 ml / 4 polievkové lyžice arašidového oleja (arašidy).

4 strúčiky cesnaku, nasekané

1 nakrájanú cibuľu

2,5 ml / ¬Ω lyžičky soli

Mušle dobre očistíme a na niekoľko hodín namočíme do osolenej vody. Opláchnite pod tečúcou vodou a potom osušte. Rozpálime olej a opražíme cesnak, cibuľu a soľ do mäkka. Pridajte mušle, prikryte a duste asi 5 minút, kým sa neotvoria všetky škrupiny. Vyhoďte všetko, čo zostalo zatvorené. Jemne opekáme ďalšiu 1 minútu, potrieme olejom.

krabí koláč

Pre 4 osoby

225 g fazuľových klíčkov

60 ml / 4 lyžice arašidového oleja 100 g / 4 unce bambusových výhonkov, nakrájaných na prúžky

1 nakrájanú cibuľu

225 g krabieho mäsa vo vločkách

4 vajcia, zľahka rozšľahané

15 ml / 1 polievková lyžica kukuričnej múky (kukuričný škrob)

30 ml / 2 polievkové lyžice sójovej omáčky

soľ a čerstvo mleté korenie

Fazuľové klíčky blanšírujeme vo vriacej vode 4 minúty a scedíme. Zahrejte polovicu oleja a opečte fazuľové klíčky, bambusové výhonky a cibuľu do mäkka. Odstráňte z tepla a pridajte všetky ostatné prísady okrem oleja. Zvyšný olej rozohrejte na čistej panvici a zmes krabieho mäsa opečte lyžičkou, aby ste vytvorili malé koláčiky. Vyprážajte do zlatista na oboch stranách a potom ihneď podávajte.

Krém z krabov

Pre 4 osoby

225 g krabieho mäsa
5 rozšľahaných vajec
1 jarná cibuľka (šalotka), nakrájaná nadrobno
250 ml / 8 tekutých uncí / 1 šálka vody
5 ml / 1 čajová lyžička soli
5 ml / 1 ČL sezamového oleja

Všetky ingrediencie dobre premiešame. Vložte do misy, prikryte a vložte do vane nad horúcou vodou alebo na parný rošt. Dusíme asi 35 minút do krémova za občasného miešania. Podávame s ryžou.

Čínske krabie mäso s listami

Pre 4 osoby

450 g / 1 libra čínske listy, natrhané
45 ml / 3 lyžice rastlinného oleja
2 jarné cibuľky (zelená cibuľka), nakrájané
225 g krabieho mäsa
15 ml / 1 polievková lyžica sójovej omáčky
15 ml / 1 polievková lyžica ryžového vína alebo suchého sherry
5 ml / 1 čajová lyžička soli

Čínske listy blanšírujeme vo vriacej vode 2 minúty, dobre scedíme a prepláchneme v studenej vode. Rozpálime olej a opražíme jarnú cibuľku do zlatista. Pridajte krabie mäso a opekajte 2 minúty. Pridajte čínske listy a smažte 4 minúty. Pridajte sójovú omáčku, víno alebo sherry a soľ a dobre premiešajte. Pridajte vývar a kukuričný škrob, priveďte do varu a za stáleho miešania varte 2 minúty, kým omáčka nezosvetlí a nezhustne.

Krab Foo Yung s fazuľovými klíčkami

Pre 4 osoby

6 rozšľahaných vajec
45 ml / 3 lyžice kukuričnej múky (kukuričný škrob)
225 g krabieho mäsa
100 g fazuľových klíčkov
2 jarné cibuľky (zelená cibuľka), nakrájané nadrobno
2,5 ml / ¬Ω lyžičky soli
45 ml / 3 lyžice arašidového oleja (arašidy).

Rozšľahajte vajcia a potom pridajte kukuričný škrob. Zmiešajte všetky ostatné ingrediencie okrem oleja. Zohrejte olej a zmes postupne nalejte na panvicu, aby ste vytvorili malé placky s priemerom asi 7,5 cm. Opečte dozlatista na dne, potom otočte a opečte na druhej strane.

zázvorový krab

Pre 4 osoby

15 ml / 1 polievková lyžica arašidového oleja (arašidový olej).
2 plátky zázvoru, nasekané
4 jarné cibuľky (zelená cibuľka), nakrájané
3 strúčiky cesnaku, nasekané
1 nakrájanú červenú papriku
350 g krabieho mäsa vo vločkách
2,5 ml / ¬Ω lyžička rybej pasty
2,5 ml / ¬Ω čajová lyžička sezamového oleja
15 ml / 1 polievková lyžica ryžového vína alebo suchého sherry
5 ml / 1 ČL kukuričnej múky (kukuričný škrob)
15 ml / 1 polievková lyžica vody

Rozpálime olej a 2 minúty opekáme zázvor, jarnú cibuľku, cesnak a chilli. Pridajte krabie mäso a miešajte, kým nie je dobre pokryté korením. Pridajte rybiu pastu. Zvyšné ingrediencie zmiešajte na pastu, potom nalejte do panvice a smažte 1 minútu. Ihneď podávajte.

Krab Lo Mein

Pre 4 osoby

100 g fazuľových klíčkov
30 ml / 2 polievkové lyžice arašidového oleja (arašidy).
5 ml / 1 čajová lyžička soli
1 cibuľa, nakrájaná na plátky
100 g húb, nakrájaných na plátky
225 g krabieho mäsa vo vločkách
100 g bambusových výhonkov nakrájaných na plátky
Kváskové rezance
30 ml / 2 polievkové lyžice sójovej omáčky
5 ml / 1 lyžička cukru
5 ml / 1 ČL sezamového oleja
soľ a čerstvo mleté korenie

Fazuľové klíčky blanšírujeme vo vriacej vode 5 minút a scedíme. Zahrejte olej a opečte soľ a cibuľu, kým nezmäknú. Pridajte huby a smažte, kým nezmäknú. Pridajte krabie mäso a opekajte 2 minúty. Pridajte fazuľové klíčky a bambusové výhonky a duste 1 minútu. Do panvice pridajte scedené rezance a jemne premiešajte. Zmiešame sóju, cukor a sezamový olej a dochutíme soľou a korením. Miešajte panvicu, kým nebude horúca.

Vyprážaný krab s bravčovým mäsom

Pre 4 osoby

30 ml / 2 polievkové lyžice arašidového oleja (arašidy).
100 g mletého bravčového mäsa (mleté).
350 g krabieho mäsa vo vločkách
2 plátky zázvoru, nasekané
2 vajcia, zľahka rozšľahané
15 ml / 1 polievková lyžica sójovej omáčky
15 ml / 1 polievková lyžica ryžového vína alebo suchého sherry
30 ml / 2 polievkové lyžice vody
soľ a čerstvo mleté korenie
4 jarné cibuľky (zelené), nakrájané na prúžky

Rozohrejeme olej a opekáme bravčové mäso, kým trochu nezafarbí. Pridajte krabie mäso a zázvor a smažte 1 minútu. Primiešame vajíčka. Pridáme sójovú omáčku, víno alebo sherry, vodu, soľ a korenie a za stáleho miešania dusíme asi 4 minúty. Podávame ozdobené pažítkou.

Dusené krabie mäso

Pre 4 osoby

30 ml / 2 polievkové lyžice arašidového oleja (arašidy).
450 g krabieho mäsa vo vločkách
2 jarné cibuľky (zelená cibuľka), nakrájané
2 plátky zázvoru, nasekané
30 ml / 2 polievkové lyžice sójovej omáčky
30 ml / 2 polievkové lyžice ryžového vína alebo suchého sherry
2,5 ml / ¬Ω lyžičky soli
15 ml / 1 polievková lyžica kukuričnej múky (kukuričný škrob)
60 ml / 4 polievkové lyžice vody

Rozpálime olej a krabie mäso, jarnú cibuľku a zázvor opekáme 1 minútu. Pridáme sójovú omáčku, víno alebo sherry a soľ, prikryjeme a dusíme 3 minúty. Miešajte maizenu a vodu, kým sa nevytvorí pasta, pridajte do panvice a za stáleho miešania varte, kým sa omáčka nevyjasní a nezhustne.

Vyprážané kalmáre

Pre 4 osoby

450 g chobotnice

50 g drvenej bravčovej masti

1 vaječný bielok

2,5 ml / ¬Ω lyžičky cukru

2,5 ml / ¬Ω lyžička kukuričnej múčky (kukuričný škrob)

soľ a čerstvo mleté korenie

olej na vyprážanie

Kalmáre očistíme a pomelieme alebo roztlačíme. Zmiešame s bravčovou masťou, bielkami, cukrom a kukuričným škrobom a dochutíme soľou a korením. Zmes roztlačíme do guľôčok. Rozpálime olej a opekáme guličky kalamára, prípadne po dávkach, kým v oleji nevyplávajú a nezískajú zlatistú farbu. Dobre sceďte a ihneď podávajte.

Kantonský homár

Pre 4 osoby

2 homáre

30 ml / 2 polievkové lyžice oleja

15 ml / 1 polievková lyžica omáčky z čiernej fazule

1 strúčik cesnaku, rozdrvený

1 nakrájanú cibuľu

225 g mletého bravčového mäsa (mleté).

45 ml / 3 lyžice sójovej omáčky

5 ml / 1 lyžička cukru

soľ a čerstvo mleté korenie

15 ml / 1 polievková lyžica kukuričnej múky (kukuričný škrob)

75 ml / 5 polievkových lyžíc vody

1 rozšľahané vajce

Natrhajte homára, vyberte mäso a nakrájajte na 1-palcové kocky. Rozpálime olej a opečieme omáčku z čiernej fazule, cesnak a cibuľu do zlatista. Pridajte bravčové mäso a opečte do zlatista. Pridáme sójovú omáčku, cukor, soľ, korenie a homára, prikryjeme a dusíme asi 10 minút. Kukuričnú krupicu a vodu zmiešame na pastu, pridáme do hrnca a za stáleho miešania dusíme, kým sa omáčka nevyjasní a nezhustne. Pred podávaním vypnite oheň a pridajte vajíčko.

vyprážaný homár

Pre 4 osoby

450 g mäsa z homára
30 ml / 2 polievkové lyžice sójovej omáčky
5 ml / 1 lyžička cukru
1 rozšľahané vajce
30 ml / 3 polievkové lyžice múky (na všetky použitia).
olej na vyprážanie

Mäso z homára nakrájame na 1-palcové kocky a ochutíme sójovou omáčkou a cukrom. Nechajte 15 minút odpočívať a sceďte. Vyšľahajte vajcia a múku, potom pridajte homára a dobre premiešajte, aby sa obalil. Rozohrejte olej a homáre opečte do zlatista. Pred podávaním sceďte na savý papier.

Dusený homár so šunkou

Pre 4 osoby

4 vajcia, zľahka rozšľahané
60 ml / 4 polievkové lyžice vody
5 ml / 1 čajová lyžička soli
15 ml / 1 polievková lyžica sójovej omáčky
450 g mäsa z homára vo vločkách
15 ml / 1 polievková lyžica nakrájanej údenej šunky
15 ml / 1 polievková lyžica nasekanej čerstvej petržlenovej vňate

Vajcia rozšľaháme s vodou, soľou a sójou. Nalejte do nepriľnavej misy a posypte mäso z homára. Misku položte na mriežku v parnom hrnci, prikryte a duste 20 minút, kým vajcia nestuhnú. Podávame ozdobené šunkou a petržlenovou vňaťou.

Homár s hubami

Pre 4 osoby

450 g mäsa z homára
15 ml / 1 polievková lyžica kukuričnej múky (kukuričný škrob)
60 ml / 4 polievkové lyžice vody
30 ml / 2 polievkové lyžice arašidového oleja (arašidy).
4 jarné cibuľky (zelené cibuľky), nakrájané na hrubé plátky
100 g húb, nakrájaných na plátky
2,5 ml / ¬Ω lyžičky soli
1 strúčik cesnaku, rozdrvený
30 ml / 2 polievkové lyžice sójovej omáčky
15 ml / 1 polievková lyžica ryžového vína alebo suchého sherry

Mäso z homára nakrájame na 2,5 cm kocky. Zmiešajte kukuričnú múčku a vodu, kým nezískate pastu, a pridajte do zmesi kocky homára, aby ste ich obalili. Zahrejte polovicu oleja a opečte kocky homára, kým mierne nezhnednú, vyberte z panvice. Zohrejeme zvyšný olej a opražíme jarnú cibuľku dozlatista. Pridajte huby a opekajte 3 minúty. Pridajte soľ, cesnak, sójovú omáčku a víno alebo sherry a smažte 2 minúty. Vráťte homára na panvicu a opečte, kým nebude horúci.

Bravčové homáre chvosty

Pre 4 osoby

3 sušené čínske huby
4 chvosty homára
60 ml / 4 polievkové lyžice arašidového oleja (arašidy).
100 g mletého bravčového mäsa (mleté).
50 g nadrobno nasekaných vodných gaštanov
soľ a čerstvo mleté korenie
2 strúčiky cesnaku, nasekané
45 ml / 3 lyžice sójovej omáčky
30 ml / 2 polievkové lyžice ryžového vína alebo suchého sherry
30 ml / 2 polievkové lyžice omáčky z čiernej fazule
10 ml / 2 polievkové lyžice kukuričnej múky (kukuričný škrob)
120 ml / 4 fl oz / ¬Ω šálka vody

Huby namočíme na 30 minút do vlažnej vody, potom scedíme. Odstráňte stonky a nakrájajte čiapky. Rozrežte chvosty homára pozdĺžne na polovicu. Odstráňte mäso z chvostov homára a uložte škrupiny. Zahrejte polovicu oleja a opečte bravčové mäso do zlatista. Odstráňte z tepla a pridajte huby, mäso z homára, vodné gaštany, soľ a korenie. Mäso uzavrite v šupke homára a položte na tanier. Umiestnite na mriežku do parného hrnca, prikryte a duste asi 20 minút, kým sa neuvarí. Medzitým zohrejte zvyšný olej a opečte na ňom cesnak, sójovú omáčku, víno/sherry a omáčku z čiernej fazule 2 minúty. Zmiešajte kukuričnú múku a vodu, kým sa nevytvorí pasta, vmiešajte do panvice a za stáleho miešania duste, kým omáčka nezhustne. Homára vložte do teplej misky, prelejte omáčkou a ihneď podávajte.

dusený homár

Pre 4 osoby

450 g / 1 lb chvosty homára

30 ml / 2 polievkové lyžice arašidového oleja (arašidy).

1 strúčik cesnaku, rozdrvený

2,5 ml / ¬Ω lyžičky soli

350 g fazuľových klíčkov

50 g húb

4 jarné cibuľky (zelené cibuľky), nakrájané na hrubé plátky

150 ml / ¬° pt / výdatná ¬Ω šálka kuracieho vývaru

15 ml / 1 polievková lyžica kukuričnej múky (kukuričný škrob)

V hrnci prevarte vodu, pridajte chvosty homára a varte 1 minútu. Scedíme, necháme vychladnúť, zbavíme kože a nakrájame na hrubšie plátky. Rozpálime olej s cesnakom a soľou a restujeme, kým cesnak nie je jemne zlatistý. Pridajte homára a opečte 1 minútu. Pridajte fazuľové klíčky a šampiňóny a duste 1 minútu. Pridajte jarnú cibuľku. Pridajte väčšinu vývaru, priveďte do varu, prikryte a duste 3 minúty. Kukuričný škrob zmiešame so zvyšným vývarom, nalejeme do panvice a za stáleho miešania dusíme, kým sa omáčka nevyjasní a nezhustne.

homárske hniezdo

Pre 4 osoby

30 ml / 2 polievkové lyžice arašidového oleja (arašidy).
5 ml / 1 čajová lyžička soli
1 cibuľa, nakrájaná na tenké plátky
100 g húb, nakrájaných na plátky
100 g bambusových výhonkov, nakrájaných 225 g vareného mäsa z homára
15 ml / 1 polievková lyžica ryžového vína alebo suchého sherry
120 ml / 4 fl oz / ¬Ω šálka kuracieho vývaru
štipka čerstvo mletého korenia
10 ml / 2 ČL kukuričnej múky (kukuričný škrob)
15 ml / 1 polievková lyžica vody
4 košíky rezancov

Zahrejte olej a opečte soľ a cibuľu, kým nezmäknú. Pridajte huby a bambusové výhonky a smažte 2 minúty. Pridajte mäso z homára, víno alebo sherry a vývar, priveďte do varu, prikryte a duste 2 minúty. Dochutíme korením. Kukuričnú krupicu a vodu zmiešame na pastu, pridáme do hrnca a za stáleho miešania dusíme, kým omáčka nezhustne. Rezancové hniezda položte na teplý servírovací tanier a ozdobte restovaným homárom.

Mušle s omáčkou z čiernej fazule

Pre 4 osoby

45 ml / 3 lyžice arašidového oleja (arašidy).
2 strúčiky cesnaku, nasekané
2 plátky zázvoru, nasekané
30 ml / 2 polievkové lyžice omáčky z čiernej fazule
15 ml / 1 polievková lyžica sójovej omáčky
1,5 kg umytých a bradatých mušlí
2 jarné cibuľky (zelená cibuľka), nakrájané

Zahrejte olej a opečte cesnak a zázvor 30 sekúnd. Pridajte omáčku z čiernej fazule a sójovú omáčku a za stáleho miešania smažte 10 sekúnd. Pridajte mušle, prikryte a varte asi 6 minút, kým sa mušle neotvoria. Vyhoďte všetko, čo zostalo zatvorené. Preložíme na teplý tanier a podávame posypané pažítkou.

Zázvorové mušle

Pre 4 osoby

45 ml / 3 lyžice arašidového oleja (arašidy).
2 strúčiky cesnaku, nasekané
4 plátky koreňa zázvoru, nasekané
1,5 kg umytých a bradatých mušlí
45 ml / 3 polievkové lyžice vody
15 ml / 1 polievková lyžica ustricovej omáčky

Zahrejte olej a opečte cesnak a zázvor 30 sekúnd. Pridajte mušle a vodu, prikryte a varte asi 6 minút, kým sa mušle neotvoria. Vyhoďte všetko, čo zostalo zatvorené. Preložíme do teplej servírovacej misy a podávame poliate ustricovou omáčkou.

Dusené mušle

Pre 4 osoby

1,5 kg umytých a bradatých mušlí
45 ml / 3 lyžice sójovej omáčky
3 jarné cibuľky (zelené cibuľky), nakrájané nadrobno

Mušle dáme na mriežku do parného hrnca, prikryjeme a dusíme vo vriacej vode asi 10 minút, kým sa všetky mušle neotvoria. Vyhoďte všetko, čo zostalo zatvorené. Preložíme do teplej servírovacej misy a podávame posypané sójou a cibuľkou.

vyprážané ustrice

Pre 4 osoby

24 vylúpaných ustríc
soľ a čerstvo mleté korenie
1 rozšľahané vajce
50 g / 2 oz / ¬Ω šálka univerzálnej múky.
250 ml / 8 tekutých uncí / 1 šálka vody
olej na vyprážanie
4 jarné cibuľky (zelená cibuľka), nakrájané

Posypte hlivu soľou a korením. Vajíčko rozšľaháme s múkou a vodou, kým nám nevznikne pasta, ktorou natrieme ustrice. Rozpálime olej a opražíme ustrice. Scedíme na savom papieri a podávame ozdobené jarnou cibuľkou.

Ustrice so slaninou

Pre 4 osoby
175 g slaniny
24 vylúpaných ustríc

1 vajce, zľahka rozšľahané
15 ml / 1 polievková lyžica vody
45 ml / 3 lyžice arašidového oleja (arašidy).
2 cibule, nakrájané
15 ml / 1 polievková lyžica kukuričnej múky (kukuričný škrob)
15 ml / 1 polievková lyžica sójovej omáčky
90 ml / 6 polievkových lyžíc kuracieho vývaru

Slaninu nakrájajte na kúsky a kúskom obtočte každú hlivu. Vajíčko rozšľaháme s vodou a potom ho ponoríme do ustríc, aby sa obalili. Polovicu oleja zohrejte a ustrice opečte z oboch strán dozlatista, potom ich vyberte z panvice a sceďte tuk. Zohrejeme zvyšok oleja a opražíme cibuľu do mäkka. Kukuričný škrob, sóju a bujón zmiešame na pastu, vlejeme do panvice a za stáleho miešania dusíme, kým sa omáčka nevyjasní a nezhustne. Nalejte na ustrice a ihneď podávajte.

Vyprážané ustrice so zázvorom

Pre 4 osoby

24 vylúpaných ustríc
2 plátky zázvoru, nasekané
30 ml / 2 polievkové lyžice sójovej omáčky

15 ml / 1 polievková lyžica ryžového vína alebo suchého sherry
4 jarné cibuľky (zelené), nakrájané na prúžky
100 g slaniny
1 vajce
50 g / 2 oz / ¬Ω šálka univerzálnej múky.
soľ a čerstvo mleté korenie
olej na vyprážanie
1 citrón, nakrájaný na štvrtiny

Vložte ustrice do misky so zázvorom, sójou a vínom alebo sherry a dobre premiešajte. Nechajte 30 minút odpočívať. Na každú hlivu položte niekoľko prúžkov jarnej cibuľky. Slaninu nakrájajte na kúsky a kúskom obtočte každú hlivu. Vajcia a múku rozšľaháme na cesto a dochutíme soľou a korením. Namáčajte ustrice v cestíčku, kým nebudú dobre pokryté. Rozpálime olej a opražíme ustrice. Podávame ozdobené plátkami citróna.

Ustrice s omáčkou z čiernej fazule

Pre 4 osoby

350 g ustríc bez škrupín
120 ml / 4 fl oz / ¬Ω šálka arašidového oleja (arašidy).
2 strúčiky cesnaku, nasekané
3 jarné cibuľky (zelená cibuľka), nakrájané na plátky
15 ml / 1 polievková lyžica omáčky z čiernej fazule

30 ml / 2 polievkové lyžice tmavej sójovej omáčky
15 ml / 1 polievková lyžica sezamového oleja
štipka čili prášku

Ustrice blanšírujeme vo vriacej vode 30 sekúnd a scedíme. Rozohrejte olej a opečte na ňom cesnak a jarnú cibuľku 30 sekúnd. Pridajte omáčku z čiernej fazule, sójovú omáčku, sezamový olej a ustrice a dochuťte čili práškom. Smažte do horúceho a ihneď podávajte.

Hrebenatka s bambusovými výhonkami

Pre 4 osoby

60 ml / 4 polievkové lyžice arašidového oleja (arašidy).
6 nasekaných jarných cibuliek (zelená cibuľka).
225 g húb nakrájaných na štvrtiny
15 ml / 1 polievková lyžica cukru
450 g olúpaných mušlí
2 plátky zázvoru, nasekané

225 g bambusových výhonkov nakrájaných na plátky
soľ a čerstvo mleté korenie
300 ml / ¬Ω pt / 1 ¬ ° šálka vody
30 ml / 2 polievkové lyžice octu
30 ml / 2 polievkové lyžice kukuričnej múky (kukuričný škrob)
150 ml / ¬° pt / výdatná ¬Ω šálka vody
45 ml / 3 lyžice sójovej omáčky

Rozpálime olej a 2 minúty opekáme jarnú cibuľku a šampiňóny. Pridajte cukor, mušle, zázvor, bambusové výhonky, soľ a korenie, prikryte a varte 5 minút. Pridáme vodu a ocot, privedieme do varu, prikryjeme a dusíme 5 minút. Kukuričnú krupicu a vodu zmiešame na pastu, pridáme do hrnca a za stáleho miešania dusíme, kým omáčka nezhustne. Pokvapkáme sójovou omáčkou a podávame.

Vajcoví pútnici

Pre 4 osoby

45 ml / 3 lyžice arašidového oleja (arašidy).
350 g lúpaných mušlí
25 g nakrájanej údenej šunky
30 ml / 2 polievkové lyžice ryžového vína alebo suchého sherry
5 ml / 1 lyžička cukru
2,5 ml / ¬Ω lyžičky soli

štipka čerstvo mletého korenia
2 vajcia, zľahka rozšľahané
15 ml / 1 polievková lyžica sójovej omáčky

Zahrejte olej a smažte mušle 30 sekúnd. Pridajte šunku a restujte 1 minútu. Pridajte víno alebo sherry, cukor, soľ a korenie a smažte 1 minútu. Pridajte vajcia a jemne premiešajte na silnom ohni, kým sa ingrediencie dobre nepotiahnu vajcom. Podávame posypané sójovou omáčkou.

Brokolicové hrebenatky

Pre 4 osoby
350 g mušle nakrájanej na plátky
3 plátky koreňa zázvoru, nasekané
¬Ω malá mrkva, nakrájaná na plátky
1 strúčik cesnaku, rozdrvený
45 ml / 3 polievkové lyžice múky (na všetky použitia).
2,5 ml / ¬Ω čajová lyžička prášku do pečiva (prášok z droždia)
30 ml / 2 polievkové lyžice arašidového oleja (arašidy).

15 ml / 1 polievková lyžica vody
1 banán, nakrájaný na plátky
olej na vyprážanie
275 g brokolice
Soľ
5 ml / 1 ČL sezamového oleja
2,5 ml / ¬Ω čajová lyžička horúcej omáčky
2,5 ml / ¬Ω lyžičky octu
2,5 ml / ¬Ω lyžička paradajkového pretlaku √ © e (cestoviny)

Hrebenatky zmiešame so zázvorom, mrkvou a cesnakom a necháme odstáť. Múku, prášok do pečiva, 15 ml/1 ČL oleja a vodu zmiešame na pastu a použijeme na obaľovanie banánových plátkov. Rozohrejte olej a plantain orestujte do zlatista, sceďte a položte na rozpálenú panvicu. Medzitým uvaríme brokolicu vo vriacej osolenej vode do mäkka a scedíme. Zvyšný olej rozohrejte so sezamovým olejom a krátko opečte brokolicu, potom ich poukladajte okolo taniera s plantajmi. Do panvice pridajte chilli omáčku, ocot a paradajkový pretlak a smažte mušle, kým sa neuvaria.

Zázvoroví pútnici

Pre 4 osoby

45 ml / 3 lyžice arašidového oleja (arašidy).

2,5 ml / ¬Ω lyžičky soli

3 plátky koreňa zázvoru, nasekané

2 jarné cibuľky (zelená cibuľka), nakrájané na hrubé plátky

450 g lúpaných mušlí, rozpolených

15 ml / 1 polievková lyžica kukuričnej múky (kukuričný škrob)

60 ml / 4 polievkové lyžice vody

Zahrejte olej a smažte soľ a zázvor po dobu 30 sekúnd. Pridajte pažítku a opečte do zlatista. Pridajte mušle a opekajte 3 minúty. Kukuričnú krupicu a vodu zmiešame na pastu, pridáme do hrnca a na miernom ohni za stáleho miešania varíme do zhustnutia. Ihneď podávajte.

mušle so šunkou

Pre 4 osoby

450 g lúpaných mušlí, rozpolených
250 ml / 8 fl oz / 1 šálka ryžového vína alebo suchého sherry
1 cibuľu nakrájanú nadrobno
2 plátky zázvoru, nasekané
2,5 ml / ¬Ω lyžičky soli
100 g nakrájanej údenej šunky

Vložte mušle do misky a pridajte víno alebo sherry. Zakryte a marinujte 30 minút, občas otočte, potom mušle sceďte a marinádu zlikvidujte. Hrebenatky vložíme do zapekacej misy spolu s ostatnými surovinami. Panvicu položte na rošt v parnom hrnci, prikryte a duste vo vriacej vode asi 6 minút, kým mušle nezmäknú.

Miešané vajcia s mušľami a bylinkami

Pre 4 osoby

225 g lúpaných mušlí
30 ml / 2 polievkové lyžice nasekaného čerstvého koriandra
4 rozšľahané vajcia
15 ml / 1 polievková lyžica ryžového vína alebo suchého sherry
soľ a čerstvo mleté korenie
15 ml / 1 polievková lyžica arašidového oleja (arašidový olej).

Umiestnite mušle do parného hrnca a varte ich v pare asi 3 minúty, v závislosti od veľkosti. Vyberte z parného hrnca a posypte koriandrom. Vajcia rozšľaháme s vínom alebo sherry a dochutíme soľou a korením. Pridajte mušle a koriander. Zohrejte olej a za stáleho miešania opekajte vaječné mušle, kým vajcia nestuhnú. Ihneď podávajte.

Pútnici a smažená cibuľa

Pre 4 osoby

45 ml / 3 lyžice arašidového oleja (arašidy).
1 cibuľa, nakrájaná na plátky
450 g lúpaných mušlí, nakrájaných na štvrtiny
soľ a čerstvo mleté korenie
15 ml / 1 polievková lyžica ryžového vína alebo suchého sherry

Rozpálime olej a opražíme cibuľu do mäkka. Pridajte mušle a opečte do zlatista. Podľa chuti dochutíme soľou a korením, zalejeme vínom alebo sherry a ihneď podávame.

Zeleninoví pútnici

Pre 4 6 6 osôb

4 sušené čínske huby

2 cibule

30 ml / 2 polievkové lyžice arašidového oleja (arašidy).

3 stonky zeleru, šikmo nakrájané

225 g zelenej fazuľky, šikmo nakrájanej

10 ml / 2 ČL strúhaného koreňa zázvoru

1 strúčik cesnaku, rozdrvený

20 ml / 4 čajové lyžičky kukuričnej múky (kukuričný škrob)

250 ml / 8 fl oz / 1 šálka kuracieho vývaru

30 ml / 2 polievkové lyžice ryžového vína alebo suchého sherry

30 ml / 2 polievkové lyžice sójovej omáčky

450 g lúpaných mušlí, nakrájaných na štvrtiny

6 jarných cibuliek (zelená cibuľka), nakrájaných na plátky

425 g / 15 oz konzerva kukuričného klasu

Huby namočíme na 30 minút do vlažnej vody, potom scedíme. Odstráňte stonky a odrežte hlavy. Cibuľu nakrájajte na štvrtiny a oddeľte vrstvy. Rozpálime olej a orestujeme na ňom cibuľu, zeler, fazuľu, zázvor a cesnak 3 minúty. Zmiešajte kukuričný škrob s trochou vývaru a pridajte zvyšok vývaru, víno alebo sherry a sójovú omáčku. Pridajte do woku a za stáleho miešania priveďte do varu. Pridajte huby, hrebenatky, jarnú cibuľku a kukuricu a opekajte asi 5 minút, kým hrebenatky nezmäknú.

Paprikoví pútnici

Pre 4 osoby

30 ml / 2 polievkové lyžice arašidového oleja (arašidy).
3 jarné cibuľky (zelená cibuľka), nakrájané
1 strúčik cesnaku, rozdrvený
2 plátky zázvoru, nasekané
2 červené papriky, nakrájané na kocky
450 g olúpaných mušlí

30 ml / 2 polievkové lyžice ryžového vína alebo suchého sherry
15 ml / 1 polievková lyžica sójovej omáčky
15 ml / 1 polievková lyžica omáčky zo žltých fazúľ
5 ml / 1 lyžička cukru
5 ml / 1 ČL sezamového oleja

Rozpálime olej a 30 sekúnd opekáme jarnú cibuľku, cesnak a zázvor. Pridajte papriku a opražte 1 minútu. Pridajte mušle a duste 30 sekúnd, potom pridajte ostatné ingrediencie a varte asi 3 minúty, kým mušle nezmäknú.

Chobotnica s fazuľovými klíčkami

Pre 4 osoby

450 g chobotnice
30 ml / 2 polievkové lyžice arašidového oleja (arašidy).
15 ml / 1 polievková lyžica ryžového vína alebo suchého sherry
100 g fazuľových klíčkov
15 ml / 1 polievková lyžica sójovej omáčky
Soľ

1 nakrájanú červenú papriku
2 plátky zázvoru, nasekané
2 jarné cibuľky (zelená cibuľka), nakrájané

Z chobotnice odstráňte hlavu, črevá a blanu a nakrájajte ju na veľké kúsky. Na každom kúsku vyrežte mriežkový vzor. Na panvici prevarte vodu, pridajte chobotnice a varte na miernom ohni, kým sa kúsky nescvrknú, sceďte a sceďte. Polovicu oleja zohrejte a chobotnicu rýchlo opečte. Zalejeme vínom alebo sherry. Medzitým rozohrejeme zvyšný olej a opražíme fazuľové klíčky do mäkka. Dochutíme sójovou omáčkou a soľou. Rozložte čili, zázvor a jarnú cibuľku okolo servírovacej misky. Do stredu položte fazuľové klíčky a na vrch chobotnice. Ihneď podávajte.

Vyprážané chobotnice

Pre 4 osoby

50 g hladkej múky (na všetky použitia).
25 g / 1 oz / ¼ šálky kukuričnej múky (kukuričný škrob)
2,5 ml / ¬Ω lyžička prášku do pečiva

2,5 ml / ¬Ω lyžičky soli
1 vajce
75 ml / 5 polievkových lyžíc vody
15 ml / 1 polievková lyžica arašidového oleja (arašidový olej).
450 g chobotnice nakrájanej na plátky
olej na vyprážanie

Múku, kukuričný škrob, prášok do pečiva, soľ, vajce, vodu a olej vyšľaháme na pastu. Ponorte chobotnice v cestíčku, kým nebudú dobre pokryté. Rozpálime olej a chobotnice po troškách opekáme do zlatista. Pred podávaním sceďte na savý papier.

Balenie chobotnice

Pre 4 osoby

8 sušených čínskych húb

450 g chobotnice

100 g údenej šunky

100 g tofu

1 rozšľahané vajce

15 ml / 1 polievková lyžica múky (na všetky použitia).

2,5 ml / ¬Ω lyžičky cukru

2,5 ml / ¬Ω čajová lyžička sezamového oleja

soľ a čerstvo mleté korenie

8 wonton skinov

olej na vyprážanie

Huby namočíme na 30 minút do vlažnej vody, potom scedíme. Stonky vyhoďte. Kalmáre očistíme a nakrájame na 8 kúskov. Šunku a tofu nakrájame na 8 kúskov. Dajte ich všetky do misy. Vajíčko zmiešame s múkou, cukrom, sezamovým olejom, soľou a korením. Suroviny nalejte do nádoby a jemne premiešajte. Položte hubu a kúsok chobotnice, šunky a tofu tesne pod stred každej wontonovej kože. Prehnite spodný roh, prehnite boky, potom zrolujte a okraje namočte vodou, aby sa utesnili. Rozpálime olej a fašírky opekáme asi 8 minút, kým nie sú zlatohnedé. Pred podávaním dobre sceďte.

Vyprážané kalamáre

Pre 4 osoby

45 ml / 3 lyžice arašidového oleja (arašidy).

225 g plátky chobotnice

1 veľká zelená paprika, nakrájaná na kúsky

100 g bambusových výhonkov nakrájaných na plátky

2 jarné cibuľky (zelená cibuľka), nakrájané nadrobno

1 plátok zázvoru, jemne nasekaný

45 ml / 2 polievkové lyžice sójovej omáčky

30 ml / 2 polievkové lyžice ryžového vína alebo suchého sherry

15 ml / 1 polievková lyžica kukuričnej múky (kukuričný škrob)

15 ml / 1 polievková lyžica rybieho vývaru alebo vody

5 ml / 1 lyžička cukru

5 ml / 1 lyžička octu

5 ml / 1 ČL sezamového oleja

soľ a čerstvo mleté korenie

Zahrejte 15 ml/1 polievkovú lyžicu oleja a rýchlo opečte chobotnicu, kým dobre neuzavrie. Medzitým na samostatnej panvici zohrejte zvyšný olej a 2 minúty opečte papriku, bambusové výhonky, jarnú cibuľku a zázvor. Pridajte chobotnicu a smažte 1 minútu. Zmiešajte sójovú omáčku, víno alebo sherry, kukuričný škrob, vývar, cukor, ocot a sezamový olej a dochuťte soľou a korením. Duste, kým sa omáčka nestane svetlou a nezhustne.

dusená chobotnica

Pre 4 osoby

45 ml / 3 lyžice arašidového oleja (arašidy).
3 jarné cibuľky (zelené cibuľky), nakrájané na hrubé plátky
2 plátky zázvoru, nasekané
450 g chobotnice nakrájanej na kúsky
15 ml / 1 polievková lyžica sójovej omáčky
15 ml / 1 polievková lyžica ryžového vína alebo suchého sherry
5 ml / 1 ČL kukuričnej múky (kukuričný škrob)
15 ml / 1 polievková lyžica vody

Rozpálime olej a opražíme jarnú cibuľku a zázvor do zmäknutia. Pridajte chobotnice a smažte, kým nebudú pokryté olejom. Pridáme sójovú omáčku a víno alebo sherry, prikryjeme a dusíme 2 minúty. Kukuričnú krupicu a vodu zmiešame na pastu, pridáme do panvice a na miernom ohni za stáleho miešania varíme, kým omáčka nezhustne a chobotnice nezmäknú.

Chobotnica so sušenými hubami

Pre 4 osoby

50 g sušenej čínskej huby
450 g / 1 lb plátky sépie
45 ml / 3 lyžice arašidového oleja (arašidy).
45 ml / 3 lyžice sójovej omáčky
2 jarné cibuľky (zelená cibuľka), nakrájané nadrobno
1 plátok zázvoru, jemne nasekaný
225 g bambusových výhonkov nakrájaných na prúžky
30 ml / 2 polievkové lyžice kukuričnej múky (kukuričný škrob)
150 ml / ¬° pt / dobrá ¬Ω šálka rybieho vývaru

Huby namočíme na 30 minút do vlažnej vody, potom scedíme. Odstráňte stonky a odrežte hlavy. Kalmáre varte niekoľko sekúnd vo vriacej vode. Zohrejte olej, pridajte huby, sóju, jarnú cibuľku a zázvor a smažte 2 minúty. Pridajte chobotnice a bambusové výhonky a smažte 2 minúty. Zmiešajte kukuričný škrob a vývar a zamiešajte do panvice. Na miernom ohni za stáleho miešania dusíme, kým sa omáčka nevyjasní a nezhustne.

Chobotnica so zeleninou

Pre 4 osoby

45 ml / 3 lyžice arašidového oleja (arašidy).
1 cibuľa, nakrájaná na plátky
5 ml / 1 čajová lyžička soli
450 g chobotnice nakrájanej na kúsky
100 g bambusových výhonkov nakrájaných na plátky
2 stonky zeleru, šikmo nakrájané
60 ml / 4 polievkové lyžice kuracieho vývaru
5 ml / 1 lyžička cukru
100 g snehového hrášku (zelený hrášok)
5 ml / 1 ČL kukuričnej múky (kukuričný škrob)
15 ml / 1 polievková lyžica vody

Rozpálime olej a opražíme cibuľu a soľ do zlatista. Pridajte chobotnice a smažte, kým nebudú pokryté olejom. Pridajte bambusové výhonky a zeler a duste 3 minúty. Pridáme vývar a cukor, privedieme do varu, prikryjeme a dusíme 3 minúty, kým zelenina nezmäkne. Pridajte horúcu omáčku. Kukuričnú krupicu a vodu zmiešame na pastu, pridáme do hrnca a za stáleho miešania dusíme, kým omáčka nezhustne.

Hovädzí guláš s anízom

Pre 4 osoby

30 ml / 2 polievkové lyžice arašidového oleja (arašidy).
450 g / 1 lb mletého hovädzieho mäsa
1 strúčik cesnaku, rozdrvený
45 ml / 3 lyžice sójovej omáčky
15 ml / 1 polievková lyžica vody
15 ml / 1 polievková lyžica ryžového vína alebo suchého sherry
5 ml / 1 čajová lyžička soli
5 ml / 1 lyžička cukru
2 struky badiánu

Rozpálime olej a mäso opečieme zo všetkých strán. Pridáme ostatné suroviny, privedieme do varu, prikryjeme a dusíme asi 45 minút, potom mäso otočíme, pridáme trochu vody a sóju, ak sa mäso začne vysušovať. Varte ďalších 45 minút, kým mäso nezmäkne. Pred podávaním vmiešame badián.

Teľacie mäso so špargľou

Pre 4 osoby

450 g teľacieho chvosta nakrájaného na kocky
30 ml / 2 polievkové lyžice sójovej omáčky
30 ml / 2 polievkové lyžice ryžového vína alebo suchého sherry
45 ml / 3 lyžice kukuričnej múky (kukuričný škrob)
45 ml / 3 lyžice arašidového oleja (arašidy).
5 ml / 1 čajová lyžička soli
1 strúčik cesnaku, rozdrvený
350 g špargľových špičiek
120 ml / 4 fl oz / ¬Ω šálka kuracieho vývaru
15 ml / 1 polievková lyžica sójovej omáčky

Vložte steak do misy. Zmiešajte sójovú omáčku, víno alebo sherry a 30 ml / 2 polievkové lyžice. kukuričný škrob, zalejeme výpekom a dobre premiešame. Nechajte 30 minút marinovať. Rozpálime olej so soľou a cesnakom a restujeme, kým cesnak nie je jemne zlatistý. Pridajte mäso a marinádu a opekajte 4 minúty. Pridajte špargľu a opečte ju na panvici 2 minúty. Pridajte vývar a sóju, priveďte do varu a za stáleho miešania varte 3 minúty, kým sa mäso neuvarí. Zvyšok kukuričného škrobu rozmiešame s ešte trochou vody alebo vývaru a pridáme do omáčky. Varte za stáleho miešania niekoľko minút, kým omáčka nezosvetlí a nezhustne.

Hovädzie mäso s bambusovými výhonkami

Pre 4 osoby

45 ml / 3 lyžice arašidového oleja (arašidy).
1 strúčik cesnaku, rozdrvený
1 jarná cibuľka (zelená cibuľka), nakrájaná
1 plátok zázvoru, jemne nasekaný
225 g chudého hovädzieho mäsa, nakrájaného na prúžky
100 g bambusových výhonkov
45 ml / 3 lyžice sójovej omáčky
15 ml / 1 polievková lyžica ryžového vína alebo suchého sherry
5 ml / 1 ČL kukuričnej múky (kukuričný škrob)

Rozpálime olej a opražíme cesnak, jarnú cibuľku a zázvor dozlatista. Pridajte mäso a opekajte 4 minúty, kým nezhnedne. Pridajte bambusové výhonky a smažte 3 minúty. Pridajte sójovú omáčku, víno alebo sherry a kukuričný škrob a duste 4 minúty.

Hovädzie mäso s bambusovými výhonkami a hubami

Pre 4 osoby

225 g chudého hovädzieho mäsa
45 ml / 3 lyžice arašidového oleja (arašidy).
1 plátok zázvoru, jemne nasekaný
100 g bambusových výhonkov nakrájaných na plátky
100 g húb, nakrájaných na plátky
45 ml / 3 lyžice ryžového vína alebo suchého sherry
5 ml / 1 lyžička cukru
10 ml / 2 ČL sójovej omáčky
soľ a korenie
120 ml / 4 fl oz / ¬Ω šálka hovädzieho vývaru
15 ml / 1 polievková lyžica kukuričnej múky (kukuričný škrob)
30 ml / 2 polievkové lyžice vody

Mäso nakrájajte na tenké plátky cez zrno. Zahrejte olej a pár sekúnd opečte zázvor. Pridajte mäso a opečte, kým nezhnedne. Pridajte bambusové výhonky a huby a smažte 1 minútu. Pridáme víno alebo sherry, cukor a sóju a dochutíme soľou a korením. Pridajte vývar, priveďte do varu, prikryte a duste 3 minúty. Zmiešajte kukuričný škrob a vodu, nalejte do hrnca a varte za stáleho miešania, kým omáčka nezhustne.

Dusené hovädzie mäso na čínsky spôsob

Pre 4 osoby

45 ml / 3 lyžice arašidového oleja (arašidy).

900 g steaku
1 jarná cibuľka (šalotka), nakrájaná na plátky
1 strúčik cesnaku, nasekaný
1 plátok zázvoru, jemne nasekaný
60 ml / 4 polievkové lyžice sójovej omáčky
30 ml / 2 polievkové lyžice ryžového vína alebo suchého sherry
5 ml / 1 lyžička cukru
5 ml / 1 čajová lyžička soli
štipka korenia
750 ml / 1° bod / 3 šálky vriacej vody

Rozpálime olej a mäso na ňom rýchlo opečieme zo všetkých strán. Pridajte jarnú cibuľku, cesnak, zázvor, sóju, víno alebo sherry, cukor, soľ a korenie. Za stáleho miešania priveďte do varu. Prilejeme vriacu vodu, za stáleho miešania opäť privedieme k varu, prikryjeme a dusíme asi 2 hodiny, kým mäso nezmäkne.

Hovädzie mäso s fazuľovými klíčkami

Pre 4 osoby

450 g chudého hovädzieho mäsa, nakrájaného na plátky

1 vaječný bielok

30 ml / 2 polievkové lyžice arašidového oleja (arašidy).

15 ml / 1 polievková lyžica kukuričnej múky (kukuričný škrob)

15 ml / 1 polievková lyžica sójovej omáčky

100 g fazuľových klíčkov

25 g/1 oz nakladaná kapusta, strúhaná

1 nakrájanú červenú papriku

2 jarné cibuľky (zelená cibuľka), nakrájané

2 plátky zázvoru, nasekané

Soľ

5 ml / 1 ČL ustricovej omáčky

5 ml / 1 ČL sezamového oleja

Mäso zmiešame s bielkom, polovicou oleja, kukuričným škrobom a sójou a necháme 30 minút odpočívať. Fazuľové klíčky blanšírujeme vo vriacej vode asi 8 minút, kým nie sú takmer mäkké, scedíme. Zohrejte zvyšný olej a mäso opečte do hneda, potom vyberte z panvice. Pridáme kapustu, čili papričku, zázvor, soľ, ustricovú omáčku a sezamový olej a restujeme 2 minúty. Pridajte fazuľové klíčky a smažte 2 minúty. Vráťte mäso na panvicu a opečte, kým sa dobre nepremieša a neprehreje. Ihneď podávajte.

Hovädzie mäso s brokolicou

Pre 4 osoby

1 libra/450 g hovädzej chvostovej kosti, nakrájanej na tenké plátky

30 ml / 2 polievkové lyžice kukuričnej múky (kukuričný škrob)

15 ml / 1 polievková lyžica ryžového vína alebo suchého sherry

15 ml / 1 polievková lyžica sójovej omáčky

30 ml / 2 polievkové lyžice arašidového oleja (arašidy).

5 ml / 1 čajová lyžička soli

1 strúčik cesnaku, rozdrvený

225 g / 8 uncí ružičiek brokolice

150 ml / ¬° pt / výdatná ¬Ω šálka hovädzieho vývaru

Vložte steak do misy. Zmiešajte 15 ml / 1 polievkovú lyžicu kukuričného škrobu s vínom alebo sherry a sójovou omáčkou, pridajte mäso a nechajte 30 minút marinovať. Rozpálime olej so soľou a cesnakom a restujeme, kým cesnak nie je jemne zlatistý. Pridajte steak a marinádu a opekajte 4 minúty. Pridajte brokolicu a restujte 3 minúty. Pridajte vývar, priveďte do varu, prikryte a duste 5 minút, kým brokolica nie je mäkká, ale stále chrumkavá. Zvyšok kukuričného škrobu rozmiešame s trochou vody a pridáme do omáčky. Varte na miernom ohni za stáleho miešania, kým sa omáčka nestane svetlou a nezhustne.

Sezamový steak s brokolicou

Pre 4 osoby

150 g chudého hovädzieho mäsa, nakrájaného na tenké plátky
2,5 ml / ¬Ω čajová lyžička ustricovej omáčky
5 ml / 1 ČL kukuričnej múky (kukuričný škrob)
5 ml / 1 ČL bieleho vínneho octu
60 ml / 4 polievkové lyžice arašidového oleja (arašidy).
100 g ružičiek brokolice
5 ml / 1 ČL rybacej omáčky
2,5 ml / ¬Ω lyžičky sójovej omáčky
250 ml / 8 fl oz / 1 šálka hovädzieho vývaru

30 ml / 2 polievkové lyžice sezamových semienok

Marinujte mäso s ustricovou omáčkou, 2,5 ml / ½ lyžičky kukuričného škrobu, 2,5 ml / ½ lyžičky octu a 15 ml / 1 lyžičkou oleja na 1 hodinu.

Medzitým zohrejte 15 ml / 1 ČL oleja, pridajte brokolicu, 2,5 ml / ½ ČL rybacej omáčky, sójovú omáčku a zvyšný ocot a zľahka podlejte vriacou vodou. Varte na miernom ohni asi 10 minút do mäkka.

V samostatnej panvici zohrejte 30 ml / 2 lyžice oleja a mäso krátko opečte, kým nezhnedne. Pridáme vývar, zvyšný kukuričný škrob a rybaciu omáčku, privedieme do varu, prikryjeme a dusíme asi 10 minút, kým mäso nezmäkne. Brokolicu scedíme a dáme na horúci tanier. Navrch poukladáme mäso a bohato posypeme sezamovými semienkami.

Grilované mäso

Pre 4 osoby

450 g chudého steaku, nakrájaného na plátky
60 ml / 4 polievkové lyžice sójovej omáčky
2 strúčiky cesnaku, nasekané
5 ml / 1 čajová lyžička soli
2,5 ml / ¬Ω čajová lyžička čerstvo mletého korenia
10 ml / 2 lyžičky cukru

Všetky suroviny zmiešame a necháme 3 hodiny kysnúť. Opekáme alebo grilujeme (grilujeme) na rozpálenom grile asi 5 minút z každej strany.

Kantonské mäso

Pre 4 osoby

30 ml / 2 polievkové lyžice kukuričnej múky (kukuričný škrob)
2 bielky vyšľahané do tuha
450 g steaku nakrájaného na prúžky
olej na vyprážanie
4 stonky zeleru, nakrájané na plátky
2 cibule, nakrájané na plátky
60 ml / 4 polievkové lyžice vody
20 ml / 4 čajové lyžičky soli
75 ml / 5 lyžíc sójovej omáčky
60 ml / 4 lyžice ryžového vína alebo suchého sherry
30 ml / 2 polievkové lyžice cukru
čerstvo mleté korenie

Polovicu kukuričného škrobu zmiešame s bielkom. Pridáme výpek a premiešame, aby mäso bolo pokryté cestovinami. Rozpálime olej a steak opečieme do zlatista. Vyberte z panvice a nechajte osušiť na papierových utierkach. Zahrejte 15 ml/1 ČL oleja a opečte zeler a cibuľu 3 minúty. Pridáme mäso, vodu, soľ, sóju, víno alebo sherry a cukor a dochutíme korením. Priveďte do varu a za stáleho miešania varte, kým omáčka nezhustne.

Hovädzie mäso s mrkvou

Pre 4 osoby

30 ml / 2 polievkové lyžice arašidového oleja (arašidy).
450 g chudého hovädzieho mäsa nakrájaného na kocky
2 jarné cibuľky (zelená cibuľka), nakrájané na plátky
2 strúčiky cesnaku, nasekané
1 plátok zázvoru, jemne nasekaný
250 ml / 8 fl oz / 1 šálka sójovej omáčky
30 ml / 2 polievkové lyžice ryžového vína alebo suchého sherry
30 ml / 2 polievkové lyžice hnedého cukru
5 ml / 1 čajová lyžička soli
600 ml / 1 bod / 2 ¬Ω šálka vody
4 mrkvy, nakrájané diagonálne

Rozpálime olej a mäso opečieme do zlatista. Zlejte prebytočný olej a pridajte jarnú cibuľku, cesnak, zázvor a aníz a opekajte 2 minúty. Pridajte sójovú omáčku, víno alebo sherry, cukor a soľ a dobre premiešajte. Pridajte vodu, priveďte do varu, prikryte a varte 1 hodinu. Pridajte mrkvu, prikryte a varte ďalších 30 minút. Odstráňte pokrievku a dusíme, kým sa omáčka nezredukuje.

Mäso z kešu orieškov

Pre 4 osoby

60 ml / 4 polievkové lyžice arašidového oleja (arašidy).

1 libra/450 g hovädzej chvostovej kosti, nakrájanej na tenké plátky

8 jarných cibuliek (zelená cibuľka), nakrájaných na kúsky

2 strúčiky cesnaku, nasekané

1 plátok zázvoru, jemne nasekaný

75 g / 3 oz / ¬œ šálka pražených kešu oriešok

120 ml / 4 fl oz / ¬Ω šálka vody

20 ml / 4 čajové lyžičky kukuričnej múky (kukuričný škrob)

20 ml / 4 ČL sójovej omáčky

5 ml / 1 ČL sezamového oleja

5 ml / 1 ČL ustricovej omáčky

5 ml / 1 lyžička horúcej omáčky

Polovicu oleja rozohrejeme a mäso opečieme dohneda. Odstráňte z panvice. Zvyšný olej rozohrejeme a jarnú cibuľku, cesnak, zázvor a kešu oriešky opekáme 1 minútu. Vráťte mäso na panvicu. Zmiešajte zvyšné ingrediencie a zmes nalejte do hrnca. Priveďte do varu a za stáleho miešania varte, kým zmes nezhustne.

Hovädzí pomalý hrniec

Pre 4 osoby

30 ml / 2 polievkové lyžice arašidového oleja (arašidy).

450 g duseného hovädzieho mäsa nakrájaného na kocky
3 plátky koreňa zázvoru, nasekané
3 mrkvy, nakrájané na plátky
1 repa, nakrájaná na kocky
15 ml / 1 polievková lyžica vykôstkovaných čiernych datlí
15 ml / 1 polievková lyžica lotosových semien
30 ml / 2 polievkové lyžice paradajkového pretlaku √ © e
(cestoviny)
10 ml / 2 polievkové lyžice soli
900 ml / 1¬Ω bodov / 3¬œ šálky hovädzieho vývaru
250 ml / 8 fl oz / 1 šálka ryžového vína alebo suchého sherry

Vo veľkom hrnci alebo na panvici vhodnej na pečenie rozohrejeme olej a mäso na ňom dobre opečieme zo všetkých strán.

Hovädzie mäso s karfiolom

Pre 4 osoby

225 g ružičiek karfiolu
olej na vyprážanie
225 g hovädzieho mäsa nakrájaného na prúžky
50 g bambusových výhonkov nakrájaných na prúžky
10 vodných gaštanov nakrájaných na prúžky
120 ml / 4 fl oz / ½ šálka kuracieho vývaru
15 ml / 1 polievková lyžica sójovej omáčky
15 ml / 1 polievková lyžica ustricovej omáčky
15 ml / 1 polievková lyžica paradajkového pretlaku √ © e
(cestoviny)
15 ml / 1 polievková lyžica kukuričnej múky (kukuričný škrob)
2,5 ml / ½ čajová lyžička sezamového oleja

Karfiol blanšírujeme 2 minúty vo vriacej vode a scedíme. Rozpálime olej a opražíme karfiol do zlatista. Scedíme a scedíme na savý papier. Rozpálime olej a mäso opečieme dohneda, scedíme a scedíme. Nalejte všetko okrem 15 ml/1 polievkovú lyžicu oleja a smažte bambusové výhonky a vodné gaštany 2 minúty. Pridajte zvyšné ingrediencie, priveďte do varu a za stáleho miešania varte, kým omáčka nezhustne. Mäso a karfiol vrátime do panvice a jemne prehrejeme. Ihneď podávajte.

Teľacie mäso so zelerom

Pre 4 osoby

100 g zeleru nakrájaného na pásiky
45 ml / 3 lyžice arašidového oleja (arašidy).
2 jarné cibuľky (zelená cibuľka), nakrájané
1 plátok zázvoru, jemne nasekaný
225 g chudého hovädzieho mäsa, nakrájaného na prúžky
30 ml / 2 polievkové lyžice sójovej omáčky
30 ml / 2 polievkové lyžice ryžového vína alebo suchého sherry
2,5 ml / ¬Ω lyžičky cukru
2,5 ml / ¬Ω lyžičky soli

Zeler blanšírujeme vo vriacej vode 1 minútu a dobre scedíme. Rozpálime olej a opražíme jarnú cibuľku a zázvor do zlatista. Pridajte mäso a opekajte 4 minúty. Pridajte zeler a smažte 2 minúty. Pridajte sójovú omáčku, víno alebo sherry, cukor a soľ a smažte 3 minúty.

Vyprážané hovädzie plátky so zelerom

Pre 4 osoby

30 ml / 2 polievkové lyžice arašidového oleja (arašidy).

450 g chudého hovädzieho mäsa nakrájaného na plátky

3 stonky zeleru, nakrájané

1 nakrájanú cibuľu

1 jarná cibuľka (šalotka), nakrájaná na plátky

1 plátok zázvoru, jemne nasekaný

30 ml / 2 polievkové lyžice sójovej omáčky

15 ml / 1 polievková lyžica ryžového vína alebo suchého sherry

2,5 ml / ½ lyžičky cukru

2,5 ml / ½ lyžičky soli

10 ml / 2 ČL kukuričnej múky (kukuričný škrob)

30 ml / 2 polievkové lyžice vody

Polovicu oleja rozohrejte do veľmi horúceho stavu a mäso opekajte 1 minútu do zlatista. Odstráňte z panvice. Zohrejeme zvyšný olej a orestujeme zeler, cibuľu, jarnú cibuľku a zázvor, kým mierne nezmäknú. Mäso vložíme späť do panvice so sójovou omáčkou, vínom alebo sherry, cukrom a soľou, necháme zovrieť a opečieme, aby sa prehrialo. Kukuričný škrob a vodu zmiešame, pridáme do panvice a dusíme, kým omáčka nezhustne. Ihneď podávajte.

Plátky hovädzieho mäsa s kuracím mäsom a zelerom

Pre 4 osoby

4 sušené čínske huby

45 ml / 3 lyžice arašidového oleja (arašidy).

2 strúčiky cesnaku, nasekané

1 koreň zázvoru, nakrájaný na plátky, jemne nasekaný

5 ml / 1 čajová lyžička soli

100 g chudého hovädzieho mäsa, nakrájaného na prúžky

100 g kuracieho mäsa, nakrájaného na prúžky

2 mrkvy, nakrájané na prúžky

2 stonky zeleru, nakrájané na pásiky

4 jarné cibuľky (zelené), nakrájané na prúžky

5 ml / 1 lyžička cukru

5 ml / 1 lyžička sójovej omáčky

5 ml / 1 ČL ryžového vína alebo suchého sherry

45 ml / 3 polievkové lyžice vody

5 ml / 1 ČL kukuričnej múky (kukuričný škrob)

Huby namočíme na 30 minút do vlažnej vody, potom scedíme. Odstráňte stonky a nakrájajte čiapky. Rozpálime olej a opražíme cesnak, zázvor a soľ do zlatista. Pridajte hovädzie a kuracie mäso a opekajte, kým nezačne farbiť. Pridajte zeler, jarnú cibuľku, cukor, sóju, víno alebo sherry a vodu a priveďte do varu. Prikryjeme a dusíme asi 15 minút, kým mäso nezmäkne. Kukuričný škrob rozmiešame s trochou vody, pridáme do omáčky a za stáleho miešania dusíme, kým omáčka nezhustne.

Chilli mäso

Pre 4 osoby

450 g hovädzieho filé nakrájaného na prúžky
45 ml / 3 lyžice sójovej omáčky
15 ml / 1 polievková lyžica ryžového vína alebo suchého sherry
15 ml / 1 polievková lyžica hnedého cukru
15 ml / 1 polievková lyžica jemne nasekaného koreňa zázvoru
30 ml / 2 polievkové lyžice arašidového oleja (arašidy).
50 g bambusových výhonkov nakrájaných na zápalky
1 cibuľa, nakrájaná na pásiky
1 zeler, nakrájaný na zápalky
2 červené papriky zbavené jadrovníka a nakrájané na pásiky
120 ml / 4 fl oz / ¬Ω šálka kuracieho vývaru
15 ml / 1 polievková lyžica kukuričnej múky (kukuričný škrob)

Vložte steak do misy. Zmiešajte sójovú omáčku, víno alebo sherry, cukor a zázvor a spojte so steakom. Nechajte marinovať 1 hodinu. Odstráňte steak z marinády. Zahrejte polovicu oleja a opečte bambusové výhonky, cibuľu, zeler a chilli 3 minúty, potom vyberte z panvice. Zohrejte zvyšný olej a steak opečte 3 minúty. Marinádu premiešame, necháme zovrieť a pridáme opraženú zeleninu. Varte za stáleho miešania 2 minúty. Zmiešajte vývar a kukuričný škrob a pridajte ho do hrnca. Priveďte do varu a za stáleho miešania varte, kým sa omáčka nevyjasní a nezhustne.

Hovädzie mäso s čínskou kapustou

Pre 4 osoby

225 g chudého hovädzieho mäsa
30 ml / 2 polievkové lyžice arašidového oleja (arašidy).
350 g bok choy, strúhaný
120 ml / 4 fl oz / ¬Ω šálka hovädzieho vývaru

soľ a čerstvo mleté korenie
10 ml / 2 ČL kukuričnej múky (kukuričný škrob)
30 ml / 2 polievkové lyžice vody

Mäso nakrájajte na tenké plátky cez zrno. Rozpálime olej a mäso opečieme do zlatista. Pridajte bok choy a duste, kým mierne nezmäkne. Pridajte vývar, priveďte do varu a dochuťte soľou a korením. Prikryjeme a dusíme 4 minúty, kým mäso nezmäkne. Zmiešajte kukuričný škrob a vodu, nalejte do hrnca a varte za stáleho miešania, kým omáčka nezhustne.

Teľací kotleta Suey

Pre 4 osoby

3 stonky zeleru, nakrájané na plátky
100 g fazuľových klíčkov
100 g ružičiek brokolice
60 ml / 4 polievkové lyžice arašidového oleja (arašidy).
3 jarné cibuľky (zelená cibuľka), nakrájané

2 strúčiky cesnaku, nasekané
1 plátok zázvoru, jemne nasekaný
225 g chudého hovädzieho mäsa, nakrájaného na prúžky
45 ml / 3 lyžice sójovej omáčky
15 ml / 1 polievková lyžica ryžového vína alebo suchého sherry
5 ml / 1 čajová lyžička soli
2,5 ml / ¬Ω lyžičky cukru
čerstvo mleté korenie
15 ml / 1 polievková lyžica kukuričnej múky (kukuričný škrob)

Zeler, fazuľové klíčky a brokolicu varte 2 minúty vo vriacej vode, sceďte a osušte. Rozpálime 45 ml/3 lyžice oleja a opražíme jarnú cibuľku, cesnak a zázvor do zlatista. Pridajte mäso a opekajte 4 minúty. Odstráňte z panvice. Zohrejte zvyšný olej a zeleninu opražte 3 minúty. Pridáme mäso, sóju, víno alebo sherry, soľ, cukor a štipku korenia a opekáme 2 minúty. Kukuričný škrob zmiešame s trochou vody, vlejeme do panvice a za stáleho miešania dusíme, kým sa omáčka nevyjasní a nezhustne.

uhorka hovädzie mäso

Pre 4 osoby

1 libra/450 g hovädzej chvostovej kosti, nakrájanej na tenké plátky
45 ml / 3 lyžice sójovej omáčky
30 ml / 2 polievkové lyžice kukuričnej múky (kukuričný škrob)
60 ml / 4 polievkové lyžice arašidového oleja (arašidy).
2 uhorky, olúpané, zbavené jadier a nakrájané na plátky
60 ml / 4 polievkové lyžice kuracieho vývaru
30 ml / 2 polievkové lyžice ryžového vína alebo suchého sherry
soľ a čerstvo mleté korenie

Vložte steak do misy. Zmiešajte sójovú omáčku a kukuričný škrob a spojte so steakom. Nechajte 30 minút marinovať. Zahrejte polovicu oleja a opekajte uhorky 3 minúty, kým nebudú matné, a potom ich vyberte z panvice. Zvyšný olej rozohrejeme a steak opečieme do zlatista. Pridajte uhorky a smažte 2 minúty. Pridajte vývar, víno alebo sherry a dochuťte soľou a korením. Priveďte do varu, prikryte a duste 3 minúty.

mäso chow mein

Pre 4 osoby

Ručne filetované 750 g / 1 ¬Ω lb

2 cibule

45 ml / 3 lyžice sójovej omáčky

45 ml / 3 lyžice ryžového vína alebo suchého sherry

15 ml / 1 polievková lyžica arašidového masla

5 ml / 1 ČL citrónovej šťavy

350 g vaječnej hmoty

60 ml / 4 polievkové lyžice arašidového oleja (arašidy).

175 ml / 6 fl oz / ¬œ dl kuracieho vývaru

15 ml / 1 polievková lyžica kukuričnej múky (kukuričný škrob)

30 ml / 2 polievkové lyžice ustricovej omáčky

4 jarné cibuľky (zelená cibuľka), nakrájané

3 stonky zeleru, nakrájané na plátky

100 g húb, nakrájaných na plátky

1 zelená paprika, nakrájaná na prúžky

100 g fazuľových klíčkov

Mäso nakrájame a zbavíme tuku. Parmezán nakrájajte na tenké plátky po šírke. Cibuľu nakrájajte na štvrtiny a oddeľte vrstvy. Zmiešajte 15 ml / 1 polievková lyžica sójovej omáčky s 15 ml / 1 polievková lyžica vína alebo sherry, arašidovým maslom a citrónovou šťavou. Pridáme mäso, prikryjeme a necháme 1 hodinu odpočívať. Rezance varíme vo vriacej vode asi 5 minút alebo kým nie sú mäkké. Dobre sceďte. Zahrejte 15 ml/1 polievkovú lyžičku oleja, pridajte 15 ml/1 polievkovú lyžicu sójovej omáčky a rezance a smažte 2 minúty do zlatista. Preložíme do teplej servírovacej misky.

Zmiešajte zvyšnú sójovú omáčku a víno alebo sherry s vývarom, kukuričným škrobom a ustricovou omáčkou. Zahrejte 15 ml / 1 polievkovú lyžicu oleja a 1 minútu opečte cibuľu. Pridáme zeler, šampiňóny, papriku a fazuľové klíčky a opekáme 2 minúty. Odstráňte z woku. Zohrejte zvyšok oleja a opečte mäso, kým nezhnedne. Pridajte vývar, priveďte do varu, prikryte a duste 3 minúty. Zeleninu vráťte do woku a za stáleho miešania varte asi 4 minúty, kým sa nezohreje. Zmesou polejeme rezance a podávame.

uhorková pečienka

Pre 4 osoby

450 g filé

10 ml / 2 ČL kukuričnej múky (kukuričný škrob)

10 ml / 2 čajové lyžičky soli

2,5 ml / ¬Ω čajová lyžička čerstvo mletého korenia

90 ml / 6 lyžíc arašidového oleja (arašidový olej).

1 cibuľu nakrájanú nadrobno
1 uhorka, ošúpaná a nakrájaná na plátky
120 ml / 4 fl oz / ¬Ω šálka hovädzieho vývaru

Steak nakrájajte na pásiky a potom na tenké plátky proti zrnitosti. Vložte do misy a pridajte kukuričný škrob, soľ, korenie a polovicu oleja. Nechajte 30 minút marinovať. Zohrejeme zvyšok oleja a opečieme mäso s cibuľou do zlatista. Pridajte uhorku a vývar, priveďte do varu, prikryte a duste 5 minút.

Pečené hovädzie kari

Pre 4 osoby

45 ml / 3 polievkové lyžice masla
15 ml / 1 polievková lyžica kari
45 ml / 3 polievkové lyžice múky (na všetky použitia).
375 ml / 13 fl oz / 1 Ω šálka mlieka
15 ml / 1 polievková lyžica sójovej omáčky

soľ a čerstvo mleté korenie

450 g vareného mletého mäsa

100 g hrášku

2 mrkvy, nakrájané

2 cibule, nakrájané

225 g varenej dlhozrnnej ryže, horúcej

1 vajce uvarené natvrdo, nakrájané na plátky

Maslo rozpustíme, pridáme kari a múku a povaríme 1 minútu. Pridajte mlieko a sóju, priveďte do varu a za stáleho miešania varte 2 minúty. Dochutíme soľou a korením. Pridajte hovädzie mäso, hrášok, mrkvu a cibuľu a dobre premiešajte, aby sa obalila omáčkou. Pridajte ryžu, potom zmes preložte na plech a pečte v rúre predhriatej na 200 ∞ C / 400 ∞ F / stupeň plynu 6 20 minút, kým zelenina nezmäkne. Podávame poliate plátkami natvrdo uvareného vajíčka.

marinované mušle

Pre 4 osoby

450 g / 1 lb konzervovaná muška

45 ml / 3 lyžice sójovej omáčky

30 ml / 2 polievkové lyžice octu

5 ml / 1 lyžička cukru

pár kvapiek sezamového oleja

Mušľu scedíme a nakrájame na tenké plátky alebo pásiky. Zmiešajte ostatné ingrediencie, nalejte na mušle a dobre premiešajte. Prikryte a dajte na 1 hodinu do chladničky.

Guláš z bambusových výhonkov

Pre 4 osoby

60 ml / 4 polievkové lyžice arašidového oleja (arašidy).
225 g bambusových výhonkov nakrájaných na prúžky
60 ml / 4 polievkové lyžice kuracieho vývaru
15 ml / 1 polievková lyžica sójovej omáčky
5 ml / 1 lyžička cukru
5 ml / 1 ČL ryžového vína alebo suchého sherry

Rozpálime olej a opekáme bambusové výhonky 3 minúty. Zmiešajte vývar, sóju, cukor a víno alebo sherry a pridajte do hrnca. Prikryjeme a na miernom ohni varíme 20 minút. Pred podávaním nechajte vychladnúť a vychladnúť.

Uhorkové kura

Pre 4 osoby

1 uhorka, ošúpaná a zbavená jadierok
225 g vareného kuracieho mäsa, nakrájaného na malé kúsky
5 ml / 1 lyžička horčičného prášku
2,5 ml / ½ lyžičky soli
30 ml / 2 polievkové lyžice octu

Uhorku nakrájajte na prúžky a položte ich na servírovací tanier. Navrch poukladajte kura. Zmiešajte horčicu, soľ a ocot a tesne pred podávaním polejte kura.

Sezamové kura

Pre 4 osoby

350 g vareného kuracieho mäsa
120 ml / 4 fl oz / ½ šálka vody
5 ml / 1 lyžička horčičného prášku
15 ml / 1 polievková lyžica sezamových semienok
2,5 ml / ½ lyžičky soli
štipka cukru
45 ml / 3 lyžice nasekaného čerstvého koriandra
5 nasekaných jarných cibuľiek (zelená cibuľka).
½ hlávkový šalát, strúhaný

Kuracie mäso nakrájame na tenké prúžky. V horčici rozmiešajte toľko vody, aby vznikla hladká kaša a pridajte ju ku kurčaťu. Sezamové semienka opražte na suchej panvici, kým mierne nezafarbia, potom pridajte ku kurčaťu a posypte soľou a cukrom. Pridajte polovicu petržlenovej vňate a pažítku a dobre premiešajte. Šalát dáme na servírovací tanier, navrch posypeme kuracou zmesou a ozdobíme zvyšnou petržlenovou vňaťou.

Zázvorové liči

Pre 4 osoby

1 veľký melón, rozpolený a zbavený kôstok

450 g / 1 lb konzervované liči, scedené

5 cm / 2 stonky zázvoru, nakrájané na plátky

nejaké lístky mäty

Polovičky melónu ozdobíme liči a zázvorom, ozdobíme lístkami mäty. Pred podávaním vychladnúť.

Červené varené kuracie krídelká

Pre 4 osoby

8 kuracích krídel

2 jarné cibuľky (zelená cibuľka), nakrájané

75 ml / 5 lyžíc sójovej omáčky

120 ml / 4 fl oz / ¬Ω šálka vody

30 ml / 2 polievkové lyžice hnedého cukru

Odrežte a vyhoďte kostnaté konce kuracích krídel a prerežte ich na polovicu. Vložíme do hrnca spolu s ostatnými surovinami, privedieme do varu, prikryjeme a na miernom ohni varíme 30 minút. Odstráňte pokrievku a pokračujte vo varení na miernom ohni ďalších 15 minút za častého podlievania. Nechajte vychladnúť a potom pred podávaním dajte do chladničky.

Krabie mäso s uhorkou

Pre 4 osoby

100 g krabieho mäsa vo vločkách
2 uhorky, olúpané a nakrájané
1 plátok zázvoru, jemne nasekaný
15 ml / 1 polievková lyžica sójovej omáčky
30 ml / 2 polievkové lyžice octu
5 ml / 1 lyžička cukru
pár kvapiek sezamového oleja

Vložte krabie mäso a uhorku do misy. Zmiešajte zvyšné ingrediencie, nalejte na zmes krabieho mäsa a dobre premiešajte. Pred podávaním 30 minút zakryte a dajte do chladničky.

marinovaná huba

Pre 4 osoby

225 g šampiňónov
30 ml / 2 polievkové lyžice sójovej omáčky
15 ml / 1 polievková lyžica ryžového vína alebo suchého sherry
štipka soli
pár kvapiek Tabasca
pár kvapiek sezamového oleja

Huby varíme 2 minúty vo vriacej vode, potom scedíme a osušíme. Dáme do misky a zalejeme ostatnými surovinami. Dobre premiešame a pred podávaním necháme vychladnúť.

Nakladané cesnakové huby

Pre 4 osoby

225 g šampiňónov

3 strúčiky cesnaku, nasekané

30 ml / 2 polievkové lyžice sójovej omáčky

30 ml / 2 polievkové lyžice ryžového vína alebo suchého sherry

15 ml / 1 polievková lyžica sezamového oleja

štipka soli

Vložte huby a cesnak do cedníka, zalejte vriacou vodou a nechajte 3 minúty odstáť. Scedíme a dobre vysušíme. Ostatné ingrediencie zmiešame, huby zalejeme marinádou a necháme 1 hodinu marinovať.

Krevety a karfiol

Pre 4 osoby

225 g ružičiek karfiolu
100 g ošúpaných kreviet
15 ml / 1 polievková lyžica sójovej omáčky
5 ml / 1 ČL sezamového oleja

Karfiol varte samostatne asi 5 minút, kým nebude mäkký, ale stále chrumkavý. Zmiešame s krevetami, pokvapkáme sójovou omáčkou a sezamovým olejom a premiešame. Pred podávaním vychladnúť.

Sezamové šunkové tyčinky

Pre 4 osoby

225 g šunky nakrájanej na prúžky
10 ml / 2 ČL sójovej omáčky
2,5 ml / ¬Ω čajová lyžička sezamového oleja

Položte šunku na servírovací tanier. Zmiešajte sójový olej a sezamový olej, posypte šunkou a podávajte.

studené tofu

Pre 4 osoby

450 g tofu nakrájaného na plátky
45 ml / 3 lyžice sójovej omáčky
45 ml / 3 lyžice arašidového oleja (arašidy).
čerstvo mleté korenie

Tofu vložte po niekoľkých plátkoch do cedníka a nalejte do vriacej vody na 40 sekúnd, sceďte a položte na servírovací tanier. Necháme vychladnúť. Zmiešame sójovú omáčku a olej, posypeme tofu a podávame posypané korením.

Kuracie slanina

Pre 4 osoby

225 g kuracieho mäsa, nakrájaného na veľmi tenké plátky
75 ml / 5 lyžíc sójovej omáčky
15 ml / 1 polievková lyžica ryžového vína alebo suchého sherry
1 strúčik cesnaku, rozdrvený
15 ml / 1 polievková lyžica hnedého cukru
5 ml / 1 čajová lyžička soli
5 ml / 1 ČL nadrobno nasekaného zázvoru
225 g chudej slaniny nakrájanej na kocky
100 g vodných gaštanov nakrájaných na veľmi tenké plátky
30 ml / 2 polievkové lyžice medu

Vložte kurča do misy. 45 ml / 3 polievkové lyžice sójovej omáčky zmiešame s vínom alebo sherry, cesnakom, cukrom, soľou a zázvorom, zalejeme kura a necháme asi 3 hodiny marinovať. Kuracie mäso, slaninu a gaštany položíme na kebabový špíz. Zvyšok sóje zmiešame s medom a natrieme špízom. Grilujte (opekajte) pod rozpáleným grilom asi 10 minút, kým nie sú upečené, často obraciame a počas pečenia polievame ďalšou polevou.

Kuracie a banánové hranolky

Pre 4 osoby

2 uvarené kuracie prsia

2 tvrdé banány

6 krajcov chleba

4 vajcia

120 ml / 4 fl oz / ¬Ω šálka mlieka

50 g / 2 oz / ¬Ω šálka univerzálnej múky.

225 g / 8 uncí / 4 šálky čerstvej strúhanky

olej na vyprážanie

Kuracie mäso nakrájame na 24 kusov. Banány ošúpeme a nakrájame pozdĺžne na štvrtiny. Každú štvrtinu nakrájajte na tretiny, aby ste získali 24 kusov. Odstráňte kôrku z chleba a nakrájajte ho na štvrtiny. Vajcia a mlieko rozšľaháme a natrieme na jednu stranu chleba. Na vajcom pokrytú stranu každého kúska chleba položte kúsok kuracieho mäsa a kúsok banánu. Štvorce zľahka pomúčime, potom ich obalíme vo vajci a zasypeme strúhankou. Opäť ponorte do vajíčka a strúhanky. Rozpálime olej a opekáme po niekoľkých štvorcoch do zlatista. Pred podávaním sceďte na savý papier.

Kuracie mäso so zázvorom a hubami

Pre 4 osoby

225 g kuracie prsia
5 ml / 1 čajová lyžička prášku z piatich korení
15 ml / 1 polievková lyžica múky (na všetky použitia).
120 ml / 4 fl oz / ¬Ω šálka arašidového oleja (arašidy).
4 šalotky, rozpolené
1 strúčik cesnaku, nakrájaný na plátky
1 plátok zázvoru, jemne nasekaný
25 g / 1 oz / ¬° šálka kešu orieškov
5 ml / 1 čajová lyžička medu
15 ml / 1 polievková lyžica ryžovej múky
75 ml / 5 lyžíc ryžového vína alebo suchého sherry
100 g húb nakrájaných na štvrtiny
2,5 ml / ¬Ω lyžičky kurkumy
6 žltých paprík, rozpolených
5 ml / 1 lyžička sójovej omáčky
¬¬ citrónová šťava
soľ a korenie
4 chrumkavé listy šalátu

Kuracie prsia nakrájame diagonálne s parmezánom na tenké pásiky. Posypte piatimi koreninami a zľahka zasypte múkou. Zahrejte 15 ml/1 ČL oleja a opečte kurča do zlatista. Odstráňte z panvice. Zohrejte trochu oleja a 1 minútu opečte šalotku, cesnak, zázvor a kešu oriešky. Pridajte med a miešajte, kým sa zelenina neobalí. Posypte múkou, potom pridajte víno alebo sherry. Pridáme huby, kurkumu a čili papričku a varíme 1 minútu. Pridajte kuracie mäso, sójovú omáčku, polovicu citrónovej šťavy, soľ a korenie a zohrejte. Vyberte z panvice a udržujte v teple. Zohrejte ešte trochu oleja, pridajte listy šalátu a rýchlo ich opečte,

kuracie mäso a šunka

Pre 4 osoby

225 g kuracieho mäsa, nakrájaného na veľmi tenké plátky
75 ml / 5 lyžíc sójovej omáčky
15 ml / 1 polievková lyžica ryžového vína alebo suchého sherry
15 ml / 1 polievková lyžica hnedého cukru
5 ml / 1 ČL nadrobno nasekaného zázvoru
1 strúčik cesnaku, rozdrvený
225 g varenej šunky nakrájanej na kocky
30 ml / 2 polievkové lyžice medu

Vložte kurča do misky so 45 ml/3 polievkovými lyžicami sójovej omáčky, vína alebo sherry, cukru, zázvoru a cesnaku. Nechajte 3 hodiny marinovať. Kuracie mäso a šunku položte na kebabový špíz. Zvyšok sóje zmiešame s medom a natrieme špízom. Grilujeme (opekáme) pod rozpáleným grilom asi 10 minút, pričom počas pečenia často otáčame a potierame polevou.

Grilovaná kuracia pečeň

Pre 4 osoby

450 g kuracia pečeň

45 ml / 3 lyžice sójovej omáčky

15 ml / 1 polievková lyžica ryžového vína alebo suchého sherry

15 ml / 1 polievková lyžica hnedého cukru

5 ml / 1 čajová lyžička soli

5 ml / 1 ČL nadrobno nasekaného zázvoru

1 strúčik cesnaku, rozdrvený

Kuracie pečienky blanšírujeme vo vriacej vode 2 minúty a dobre scedíme. Vložíme do misky so všetkými ostatnými surovinami okrem oleja a necháme asi 3 hodiny marinovať. Kuracie pečienky napichneme na špíz a opekáme (grilujeme) na rozpálenom grile asi 8 minút, kým nebudú mať peknú farbu.

Krabie guľôčky s vodnými gaštanmi

Pre 4 osoby

450 g krabieho mäsa, mletého
100 g nasekaných vodných gaštanov
1 strúčik cesnaku, rozdrvený
1 cm/¬Ω nakrájaný zázvor, jemne nasekaný
45 ml / 3 lyžice kukuričnej múky (kukuričný škrob)
30 ml / 2 polievkové lyžice sójovej omáčky
15 ml / 1 polievková lyžica ryžového vína alebo suchého sherry
5 ml / 1 čajová lyžička soli
5 ml / 1 lyžička cukru
3 rozšľahané vajcia
olej na vyprážanie

Všetky ingrediencie okrem oleja zmiešame a vytvarujeme guľky. Zahrejte olej a opečte krabie guľky do zlatista. Pred podávaním dobre sceďte.

dim sum

Pre 4 osoby

100 g ošúpaných kreviet, nasekaných

225 g chudého bravčového mäsa nakrájaného nadrobno

50 g bok choy, jemne nakrájaného

3 jarné cibuľky (zelená cibuľka), nakrájané

1 rozšľahané vajce

30 ml / 2 polievkové lyžice kukuričnej múky (kukuričný škrob)

10 ml / 2 ČL sójovej omáčky

5 ml / 1 ČL sezamového oleja

5 ml / 1 ČL ustricovej omáčky

24 wonton skinov

olej na vyprážanie

Zmiešajte krevety, bravčové mäso, kapustu a jarnú cibuľku. Zmiešajte vajcia, kukuričný škrob, sóju, sezamový olej a ustricovú omáčku. Umiestnite lyžice zmesi do stredu každej wontonovej kože. Opatrne obtočte obaly okolo plnky, zastrčte okraje, ale nechajte hornú časť otvorenú. Rozohrejeme olej a po troškách opekáme dim sum, kým nie je zlatohnedé. Dobre sceďte a podávajte teplé.

Rolky so šunkou a kuracím mäsom

Pre 4 osoby

2 kuracie prsia
1 strúčik cesnaku, rozdrvený
2,5 ml / ¬Ω lyžičky soli
2,5 ml/¬Ω kávová lyžička prášku s piatimi koreninami
4 plátky uvarenej šunky
1 rozšľahané vajce
30 ml / 2 polievkové lyžice mlieka
25 g / 1 oz / ¬° šálka hladkej múky (univerzálne).
4 šupky na jarné rolky
olej na vyprážanie

Kuracie prsia prekrojíme na polovicu. Porazte ich veľmi jemne. Zmiešajte cesnak, soľ a prášok z piatich korení a posypte kura. Na každý kus kurčaťa položíme plátok šunky a pevne zvinieme. Zmiešajte vajíčko a mlieko. Kuracie kúsky jemne pomúčte a potom ich ponorte do vaječnej zmesi. Každý kúsok položíme kožou nadol na valček a okraje potrieme rozšľahaným vajíčkom. Preložte boky, potom zrolujte a pritlačte okraje, aby sa utesnili. Rozpálime olej a rolky opekáme asi 5 minút, kým nie sú zlatohnedé.

zlaté a uvarené. Nechajte odkvapkať na papierových utierkach a potom nakrájajte na hrubé plátky, aby ste mohli podávať.

Pečená šunka víria

Pre 4 osoby

350 g / 12 oz / 3 šálky múky (univerzálne).
175 g / 6 oz / ¬œ šálka masla
120 ml / 4 fl oz / ¬Ω šálka vody
225 g nakrájanej šunky
100 g nasekaných bambusových výhonkov
2 jarné cibuľky (zelená cibuľka), nakrájané
15 ml / 1 polievková lyžica sójovej omáčky
30 ml / 2 polievkové lyžice sezamových semienok

Do misky nasypeme múku a pridáme maslo. Zmiešajte vo vode, aby ste vytvorili pastu. Cesto rozvaľkáme a vykrajujeme kolieska 5 cm/2 cm. Všetky ostatné ingrediencie okrem sezamových semienok zmiešame a nalejeme do každého kruhu. Okraje lístkového cesta potrieme vodou a uzatvoríme. Zvonku potrieme vodou a posypeme sezamovými semienkami. Pečieme v predhriatej rúre na 180 ¬∞C / 350 ¬∞F / plyn značka 4 počas 30 minút.

pseudoúdená ryba

Pre 4 osoby

1 morský vlk
3 plátky zázvoru, nakrájané na plátky
1 strúčik cesnaku, rozdrvený
1 jarná cibuľka (šalotka), často nakrájaná na plátky
75 ml / 5 lyžíc sójovej omáčky
30 ml / 2 polievkové lyžice ryžového vína alebo suchého sherry
2,5 ml / ¬Ω lyžička mletého anízu
2,5 ml / ¬Ω čajová lyžička sezamového oleja
10 ml / 2 lyžičky cukru
120 ml / 4 fl oz / ¬Ω šálka vývaru
olej na vyprážanie
5 ml / 1 ČL kukuričnej múky (kukuričný škrob)

Rybu ošúpeme a nakrájame na 5 mm plátky s protivláknom. Zmiešajte zázvor, cesnak, jarnú cibuľku, 60 ml / 4 polievkové lyžice sójovej omáčky, sherry, aníz a sezamový olej. Rybu prelejeme a necháme jemne ochutiť. Nechajte 2 hodiny za občasného miešania.

Marinádu nalejeme do hrnca a rybu položíme na kuchynský papier. Pridajte cukor, vývar a zvyšnú sójovú omáčku.

marinovať, priveďte do varu a varte 1 minútu. Ak omáčka potrebuje zahustiť, zmiešame kukuričný škrob s trochou studenej vody, pridáme do omáčky a za stáleho miešania dusíme, kým omáčka nezhustne.

Medzitým rozohrejeme olej a opečieme dozlatista. Dobre sceďte. Kúsky rýb namočte do marinády a položte ich na teplý servírovací tanier. Podávajte teplé alebo studené.

varené huby

Pre 4 osoby

12 veľkých kaplniek suchohríbov
225 g krabieho mäsa
3 nasekané vodné gaštany
2 jarné cibuľky (zelená cibuľka), nakrájané nadrobno
1 vaječný bielok
15 ml / 1 polievková lyžica kukuričnej múky (kukuričný škrob)
15 ml / 1 polievková lyžica sójovej omáčky
15 ml / 1 polievková lyžica ryžového vína alebo suchého sherry

Namočte špongiu cez noc do vlažnej vody. Suché objatie. Zvyšné suroviny zmiešame a naplníme nimi klobúčiky húb. Položte na parný rošt a varte v pare 40 minút. Podávajte horúce.

Huby v ustricovej omáčke

Pre 4 osoby

10 sušených čínskych húb
250 ml / 8 fl oz / 1 šálka hovädzieho vývaru
15 ml / 1 polievková lyžica kukuričnej múky (kukuričný škrob)
30 ml / 2 polievkové lyžice ustricovej omáčky
5 ml / 1 ČL ryžového vína alebo suchého sherry

Namočte huby do teplej vody na 30 minút, potom ich sceďte, pričom si odložte 250 ml / 8 fl oz / 1 šálku tekutiny na namáčanie. Stonky vyhoďte. Zmiešajte 60 ml / 4 polievkové lyžice hovädzieho vývaru s kukuričným škrobom, kým nevznikne pasta. Zvyšný hovädzí vývar privedieme do varu s hubami a hubovou šťavou, prikryjeme a dusíme 20 minút. Odstráňte huby z tekutiny pomocou štrbinovej lyžice a položte ich na teplý servírovací tanier. Do panvice pridajte ustricovú omáčku a sherry a za stáleho miešania varte 2 minúty. Pridajte pastu z kukuričného škrobu a varte na miernom ohni za stáleho miešania, kým omáčka nezhustne. Nalejte na huby a ihneď podávajte.

Bravčové rolky a šalát

Pre 4 osoby

4 sušené čínske huby
15 ml / 1 polievková lyžica arašidového oleja (arašidový olej).
225 g chudého bravčového mäsa, nakrájaného
100 g nasekaných bambusových výhonkov
100 g nasekaných vodných gaštanov
4 jarné cibuľky (zelená cibuľka), nakrájané
175 g krabieho mäsa vo vločkách
30 ml / 2 polievkové lyžice ryžového vína alebo suchého sherry
15 ml / 1 polievková lyžica sójovej omáčky
10 ml / 2 ČL ustricovej omáčky
10 ml / 2 ČL sezamového oleja
9 čínskych listov

Huby namočíme na 30 minút do vlažnej vody, potom scedíme. Odstráňte stonky a nakrájajte čiapky. Zohrejte olej a bravčové mäso opečte 5 minút. Pridajte hríby, bambusové výhonky, vodné gaštany, jarnú cibuľku a krabie mäso a smažte 2 minúty. Zmiešajte víno alebo sherry, sójovú omáčku, ustricovú omáčku a sezamový olej a premiešajte na panvici. Odstráňte z ohňa. Medzitým blanšírujte čínske listy vo vriacej vode na 1 minútu.

vypustiť. Do stredu každého plátu položte lyžicu bravčovej zmesi, preložte boky a zrolujte, aby ste mohli podávať.

Bravčové a gaštanové fašírky

Pre 4 osoby

450 g mletého bravčového mäsa (mleté).

50 g jemne nakrájaných húb
50 g nadrobno nasekaných vodných gaštanov
1 strúčik cesnaku, rozdrvený
1 rozšľahané vajce
30 ml / 2 polievkové lyžice sójovej omáčky
15 ml / 1 polievková lyžica ryžového vína alebo suchého sherry
5 ml / 1 ČL nadrobno nasekaného zázvoru
5 ml / 1 lyžička cukru
Soľ
30 ml / 2 polievkové lyžice kukuričnej múky (kukuričný škrob)
olej na vyprážanie

Všetky ingrediencie okrem kukuričného škrobu zmiešame a zo zmesi vytvarujeme guľky. Obalte v kukuričnom škrobe. Rozpálime olej a fašírky opekáme asi 10 minút, kým nie sú zlatohnedé. Pred podávaním dobre sceďte.

Vepřo knedlo

Pre 4 6 6 osôb

450 g / 1 libra múky (tak).
500 ml / 17 fl oz / 2 šálky vody
450 g vareného bravčového mäsa, nakrájaného
225 g ošúpaných kreviet, nasekaných
4 stonky zeleru, nakrájané
15 ml / 1 polievková lyžica sójovej omáčky
15 ml / 1 polievková lyžica ryžového vína alebo suchého sherry
15 ml / 1 polievková lyžica sezamového oleja
5 ml / 1 čajová lyžička soli
2 jarné cibuľky (zelená cibuľka), nakrájané nadrobno
2 strúčiky cesnaku, nasekané
1 plátok zázvoru, jemne nasekaný

Miešajte múku a vodu, kým cesto nie je mäkké a dobre vymiesime. Prikryte a nechajte 10 minút postáť. Cesto rozvaľkáme na čo najtenšie a nakrájame na 5 cm kolieska. Zmiešajte všetky ostatné ingrediencie. Do každého kruhu vložte polievkovú lyžicu zmesi, navlhčite okraje a uzatvorte tak, aby ste vytvorili polkruh. Hrniec s vodou privedieme do varu a potom halušky opatrne spustíme do vody.

Bravčové a hovädzie buchty

Pre 4 osoby

100 g mletého bravčového mäsa (mleté).
100 g mletého hovädzieho mäsa (mleté).
1 plátok strúhanej slaniny, nasekaný (nasekaný)
15 ml / 1 polievková lyžica sójovej omáčky
soľ a korenie
1 rozšľahané vajce
30 ml / 2 polievkové lyžice kukuričnej múky (kukuričný škrob)
olej na vyprážanie

Zmiešame mleté hovädzie mäso a slaninu a dochutíme soľou a korením. Zmiešame s vajíčkom, tvarujeme guľky veľkosti vlašského orecha a posypeme maizenou. Rozpálime olej a opečieme do zlatista. Pred podávaním dobre sceďte.

motýlie krevety

Pre 4 osoby

450 g veľkých ošúpaných kreviet
15 ml / 1 polievková lyžica sójovej omáčky
5 ml / 1 ČL ryžového vína alebo suchého sherry
5 ml / 1 ČL nadrobno nasekaného zázvoru
2,5 ml / ¬Ω lyžičky soli
2 rozšľahané vajcia
30 ml / 2 polievkové lyžice kukuričnej múky (kukuričný škrob)
15 ml / 1 polievková lyžica múky (na všetky použitia).
olej na vyprážanie

Krevety narežte v strede obličiek a rozdeľte ich do tvaru motýľa. Zmiešajte sójovú omáčku, víno alebo sherry, zázvor a soľ. Nalejte krevety a nechajte 30 minút marinovať. Vyberte z marinády a osušte. Vajíčko rozšľaháme s kukuričným škrobom a múkou, kým nezískame pastu a krevety ponoríme do cesta. Rozohrejte olej a opečte krevety, kým nie sú zlatohnedé. Pred podávaním dobre sceďte.

Čínske krevety

Pre 4 osoby

450 g ošúpaných kreviet
30 ml / 2 polievkové lyžice Worcestershire omáčka
15 ml / 1 polievková lyžica sójovej omáčky
15 ml / 1 polievková lyžica ryžového vína alebo suchého sherry
15 ml / 1 polievková lyžica hnedého cukru

Vložte krevety do misky. Ostatné suroviny zmiešame, nalejeme na krevety a necháme 30 minút marinovať. Preložíme na plech a pečieme v predhriatej rúre pri teplote 150 °C/300 °F/plyn 2 počas 25 minút. Podávajte teplé alebo studené so šupkou, aby si po nej hostia mohli uslať.

dračí oblak

Pre 4 osoby

100 g krevetových sušienok
olej na vyprážanie

Olej zohrejte, až kým nebude veľmi horúci. Naraz pridajte hrsť krevetových sušienok a smažte niekoľko sekúnd, kým nenafúknu. Počas vyprážania sušienky odstráňte olej a odkvapkajte na papierových utierkach.

chrumkavé krevety

Pre 4 osoby

450 g ošúpaných tigrích kreviet

15 ml / 1 polievková lyžica ryžového vína alebo suchého sherry

10 ml / 2 ČL sójovej omáčky

5 ml / 1 čajová lyžička prášku z piatich korení

soľ a korenie

90 ml / 6 lyžíc kukuričnej múky (kukuričný škrob)

2 rozšľahané vajcia

100 g strúhanky

arašidový olej na vyprážanie

Krevety zmiešajte s vínom alebo sherry, sójovou omáčkou a práškom z piatich korení a dochuťte soľou a korením. Obložte ich v kukuričnej krupici a potom ich namočte do rozšľahaného vajíčka a strúhanky. Vyprážame vo vriacom oleji niekoľko minút do zlatista, scedíme a ihneď podávame.

Krevety so zázvorovou omáčkou

Pre 4 osoby

15 ml / 1 polievková lyžica sójovej omáčky
5 ml / 1 ČL ryžového vína alebo suchého sherry
5 ml / 1 ČL sezamového oleja
450 g ošúpaných kreviet
30 ml / 2 lyžice nasekanej čerstvej petržlenovej vňate
15 ml / 1 polievková lyžica octu
5 ml / 1 ČL nadrobno nasekaného zázvoru

Zmiešajte sójovú omáčku, víno alebo sherry a sezamový olej. Nalejte krevety, prikryte a nechajte 30 minút marinovať. Krevety grilujeme niekoľko minút, kým nie sú uvarené, potrieme marinádou. Medzitým zmiešame petržlenovú vňať, ocot a zázvor, ktoré môžeme podávať s krevetami.

Krevety a rezancové rolky

Pre 4 osoby

50 g vaječnej pasty nakrájanej na kúsky

15 ml / 1 polievková lyžica arašidového oleja (arašidový olej).

50 g chudého bravčového mäsa nakrájaného nadrobno

100 g nasekaných húb

3 jarné cibuľky (zelená cibuľka), nakrájané

100 g ošúpaných kreviet, nasekaných

15 ml / 1 polievková lyžica ryžového vína alebo suchého sherry

soľ a korenie

24 wonton skinov

1 rozšľahané vajce

olej na vyprážanie

Rezance povaríme vo vriacej vode 5 minút, scedíme a nakrájame. Zohrejte olej a bravčové mäso opečte 4 minúty. Pridajte huby a cibuľu a duste 2 minúty, potom odstráňte z tepla. Pridajte krevety, víno alebo sherry a rezance a dochuťte soľou a korením. Do stredu každej wontonovej šupky dáme po lyžiciach zmes a okraje potrieme rozšľahaným vajíčkom. Prehnite okraje, potom obaly zrolujte a okraje zalepte. Rozpálime olej a rolky opečieme niekoľko naraz asi 5 minút do zlatista. Pred podávaním sceďte na savý papier.

krevetový toast

Pre 4 osoby

2 vajcia 450 g ošúpaných kreviet, nasekaných
15 ml / 1 polievková lyžica kukuričnej múky (kukuričný škrob)
1 cibuľu nakrájanú nadrobno
30 ml / 2 polievkové lyžice sójovej omáčky
15 ml / 1 polievková lyžica ryžového vína alebo suchého sherry
5 ml / 1 čajová lyžička soli
5 ml / 1 ČL nadrobno nasekaného zázvoru
8 krajcov chleba nakrájaných na trojuholníky
olej na vyprážanie

1 vajce zmiešame so všetkými ostatnými surovinami okrem chleba a oleja. Zmesou polejeme chlebové trojuholníky a natlačíme do kupoly. Natrieme zvyšným vajíčkom. Rozohrejeme asi 5 cm oleja a vypražíme trojuholníčky chleba do zlatista. Pred podávaním dobre sceďte.

Bravčové mäso a krevety Wonton so sladkokyslou omáčkou

Pre 4 osoby

120 ml / 4 fl oz / ¬Ω šálka vody

60 ml / 4 polievkové lyžice octu

60 ml / 4 polievkové lyžice hnedého cukru

30 ml / 2 polievkové lyžice paradajkového pretlaku √ © e (cestoviny)

10 ml / 2 ČL kukuričnej múky (kukuričný škrob)

25 g nakrájaných húb

25 g ošúpaných kreviet, nasekaných

50 g chudého bravčového mäsa, nakrájaného

2 jarné cibuľky (zelená cibuľka), nakrájané

5 ml / 1 lyžička sójovej omáčky

2,5 ml / ¬Ω čajová lyžička strúhaného koreňa zázvoru

1 strúčik cesnaku, rozdrvený

24 wonton skinov

olej na vyprážanie

V hrnci zmiešame vodu, ocot, cukor, paradajkový pretlak a kukuričný škrob. Za stáleho miešania privedieme do varu a varíme 1 minútu. Odstráňte z tepla a udržiavajte v teple.

Zmiešajte huby, krevety, bravčové mäso, zelenú cibuľku, sójovú omáčku, zázvor a cesnak. Do každej škrupiny dáme lyžicu plnky, okraje potrieme vodou a zatlačíme, aby sa utesnilo. Rozohrejte olej a opečte na ňom wontony po niekoľkých do zlatista. Scedíme na savý papier a podávame teplé so sladkokyslou omáčkou.

Kuracia polievka

Vytvára 2 pinty / 3½ bodov / 8½ šálok

1,5 kg / 2 lb varené alebo surové kuracie stehná

450 g bravčového stehna

1 cm / ½ koreňa zázvoru na kúsky

3 jarné cibuľky (zelená cibuľka), nakrájané na plátky

1 strúčik cesnaku, rozdrvený

5 ml / 1 čajová lyžička soli

2,25 litra / 4pt / 10 pohárov vody

Všetky ingrediencie priveďte do varu, prikryte a duste 15 minút. Odstráňte tuky. Prikryte a varte na miernom ohni 1h30. Prefiltrujte, ochlaďte a odfiltrujte. Zmrazte v malých množstvách alebo v chladničke a spotrebujte do 2 dní.

Polievka z bravčového mäsa a fazuľových klíčkov

Pre 4 osoby

450 g mletého bravčového mäsa

1,5 l / 2½ pkt / 6 dl kuracieho vývaru

5 plátkov koreňa zázvoru

350 g fazuľových klíčkov

15 ml / 1 polievková lyžica soli

Bravčové mäso blanšírujte vo vriacej vode 10 minút, potom sceďte. Varte vývar a pridajte bravčové mäso a zázvor. Prikryjeme a na miernom ohni varíme 50 minút. Pridáme fazuľové klíčky a soľ a dusíme 20 minút.

Abalone a hubová polievka

Pre 4 osoby

60 ml / 4 polievkové lyžice arašidového oleja (arašidy).

100 g chudého bravčového mäsa, nakrájaného na prúžky

225 g konzervovanej mušle, nakrájanej na pásiky

100 g húb, nakrájaných na plátky

2 kusy zeleru, nakrájané na plátky

50 g šunky nakrájanej na prúžky

2 cibule, nakrájané na plátky

1,5 l / 2½ bodu / 6 šálok vody

30 ml / 2 polievkové lyžice octu

45 ml / 3 lyžice sójovej omáčky

2 plátky zázvoru, nasekané

soľ a čerstvo mleté korenie

15 ml / 1 polievková lyžica kukuričnej múky (kukuričný škrob)

45 ml / 3 polievkové lyžice vody

Rozpálime olej a opekáme bravčové mäso, mušle, šampiňóny, zeler, šunku a cibuľu 8 minút. Pridáme vodu a ocot, privedieme do varu, prikryjeme a dusíme 20 minút. Pridajte sójovú omáčku, zázvor, soľ a korenie. Miešajte kukuričný škrob, kým s ním nezískate pastu vody, vlejeme do polievky a za miešania dusíme 5 minút, kým polievka nie je hotová a nezhustne.

Kuracia a špargľová polievka

Pre 4 osoby

100 g kuracieho mäsa, strúhaného

2 bielka

2,5 ml / ½ čajovej lyžičky soli

30 ml / 2 polievkové lyžice kukuričnej múky (kukuričný škrob)

225 g špargle nakrájanej na 5 cm kúsky

100 g fazuľových klíčkov

1,5 l / 2½ pkt / 6 dl kuracieho vývaru

100 g húb

Kuracie mäso zmiešame s bielkom, soľou a kukuričným škrobom a necháme 30 minút odstáť. Kurča varte vo vriacej vode asi 10 minút, kým sa neuvarí, dobre sceďte. Špargľu varíme 2 minúty vo vriacej vode a scedíme. Fazuľové klíčky blanšírujeme vo vriacej vode 3 minúty a scedíme. Nalejte vývar do veľkej panvice a pridajte kuracie mäso, špargľu, šampiňóny a fazuľové klíčky. Prevaríme a dochutíme soľou. Dusíme pár minút, aby sa rozvinuli chute a kým zelenina nie je mäkká, ale stále chrumkavá.

Vývar

Pre 4 osoby

225 g mletého hovädzieho mäsa (mleté).

15 ml / 1 polievková lyžica sójovej omáčky

15 ml / 1 polievková lyžica ryžového vína alebo suchého sherry

15 ml / 1 polievková lyžica kukuričnej múky (kukuričný škrob)

1,2 l / 2 body / 5 dl kuracieho vývaru

5 ml / 1 lyžička. 1/2 čajovej lyžičky chilli fazuľovej omáčky

soľ a korenie

2 rozšľahané vajcia

6 nasekaných jarných cibuľiek (zelená cibuľka).

Mäso zmiešame so sójou, vínom alebo sherry a kukuričným škrobom. Pridajte vývar a pomaly priveďte do varu, miešajte. Pridáme pikantnú fazuľovú omáčku a dochutíme soľou a korením, prikryjeme a za občasného miešania dusíme asi 10 minút. Pridáme vajíčka a podávame posypané jarnou cibuľkou.

Čínska polievka z hovädzieho mäsa a listov

Pre 4 osoby

200 g chudého hovädzieho mäsa, nakrájaného na prúžky
15 ml / 1 polievková lyžica sójovej omáčky
15 ml / 1 polievková lyžica arašidového oleja (arašidový olej).
1,5 l / 2½ bodu / 6 dl hovädzieho vývaru
5 ml / 1 čajová lyžička soli
2,5 ml / ½ čajovej lyžičky cukru
½ hlavy čínskych listov nakrájaných na kúsky

Mäso zmiešame so sójovou omáčkou a olejom a za občasného miešania necháme 30 minút marinovať. Vývar prevaríme so soľou a cukrom, pridáme čínske lístky a na miernom ohni varíme asi 10 minút, kým nie je takmer uvarený. Pridáme mäso a dusíme ďalších 5 minút.

Kapustová polievka

Pre 4 osoby

60 ml / 4 polievkové lyžice arašidového oleja (arašidy).
2 cibule, nakrájané
100 g chudého bravčového mäsa, nakrájaného na prúžky
225 g strúhanej čínskej kapusty
10 ml / 2 lyžičky cukru
1,2 l / 2 body / 5 dl kuracieho vývaru
45 ml / 3 lyžice sójovej omáčky
soľ a korenie
15 ml / 1 polievková lyžica kukuričnej múky (kukuričný škrob)

Rozpálime olej a opražíme cibuľu a bravčové mäso do zlatista. Pridajte kapustu a cukor a smažte 5 minút. Pridajte vývar a sóju a dochuťte soľou a korením. Priveďte do varu, prikryte a duste 20 minút. Kukuričný škrob rozmiešame s trochou vody, pridáme do polievky a za stáleho miešania dusíme, kým polievka nezhustne a nespriehľadnie.

Pikantná hovädzia polievka

Pre 4 osoby

45 ml / 3 lyžice arašidového oleja (arašidy).

1 strúčik cesnaku, rozdrvený

5 ml / 1 čajová lyžička soli

225 g mletého hovädzieho mäsa (mleté).

6 jarných cibuliek (zelenej cibuľky), nakrájaných na prúžky

1 červená paprika, nakrájaná na prúžky

1 zelená paprika, nakrájaná na prúžky

225 g nakrájanej kapusty

1 l / 1¾pt / 4¼ šálky hovädzieho vývaru

30 ml / 2 polievkové lyžice slivkovej omáčky

30 ml / 2 polievkové lyžice hoisin omáčky

45 ml / 3 lyžice sójovej omáčky

2 kusy zázvoru bez stonky, nasekaný

2 vajcia

5 ml / 1 ČL sezamového oleja

225 g namočených priesvitných rezancov

Rozpálime olej a orestujeme cesnak a soľ do zlatista. Pridajte mäso a rýchlo opečte. Pridajte zeleninu a restujte, kým nebude priehľadná. Pridáme vývar, slivkovú omáčku, omáčku hoisin, 30ml/2

lyžicu sójovej omáčky a zázvoru, priveďte do varu a varte 10 minút. Vajcia rozšľaháme so sezamovým olejom a zvyškom sójovej omáčky. Pridáme rezancovú polievku a za stáleho miešania varíme, kým sa z vajec nevytvoria vlákna a rezance nie sú mäkké.

nebeská polievka

Pre 4 osoby

2 jarné cibuľky (zelená cibuľka), nakrájané
1 strúčik cesnaku, rozdrvený
30 ml / 2 lyžice nasekanej čerstvej petržlenovej vňate
5 ml / 1 čajová lyžička soli
15 ml / 1 polievková lyžica arašidového oleja (arašidový olej).
30 ml / 2 polievkové lyžice sójovej omáčky
1,5 l / 2½ bodu / 6 šálok vody

Jarnú cibuľku, cesnak, petržlenovú vňať, soľ, olej a sóju zmiešame. Vodu prevaríme, zalejeme pažítkovou zmesou a necháme 3 minúty odstáť.

Polievka s kuracím mäsom a bambusovými výhonkami

Pre 4 osoby

2 kuracie stehná

30 ml / 2 polievkové lyžice arašidového oleja (arašidy).

5 ml / 1 ČL ryžového vína alebo suchého sherry

1,5 l / 2½ pkt / 6 dl kuracieho vývaru

3 jarné cibuľky, nakrájané na plátky

100 g bambusových výhonkov nakrájaných na kúsky

5 ml / 1 ČL nadrobno nasekaného zázvoru

Soľ

Kura vykostíme a mäso nakrájame na kocky. Rozpálime olej a kura opečieme zo všetkých strán dozlatista. Pridáme vývar, jarnú cibuľku, bambusové výhonky a zázvor, privedieme do varu a dusíme asi 20 minút, kým kura nezmäkne. Pred podávaním dochutíme soľou.

Kuracia a kukuričná polievka

Pre 4 osoby

1 l / 1¾ pt / 4¼ šálky kuracieho vývaru
100 g nakrájaného kuracieho mäsa
200 g kukuričnej smotany
nakrájajte šunku, nakrájajte
rozšľahané vajcia
15 ml / 1 polievková lyžica ryžového vína alebo suchého sherry

Vývar a kuracie mäso priveďte do varu, prikryte a duste 15 minút. Pridáme kukuricu a šunku, prikryjeme a dusíme 5 minút. Pridajte vajcia a sherry, pomaly miešajte vareškou, aby sa z vajec vytvorili vlákna. Odstráňte z tepla, prikryte a nechajte 3 minúty odpočívať pred podávaním.

Kuracia a zázvorová polievka

Pre 4 osoby

4 sušené čínske huby
1,5 l / 2½ bodu / 6 dl vody alebo kuracieho vývaru
225 g kuracieho mäsa, nakrájaného na kocky
10 plátkov zázvoru
5 ml / 1 ČL ryžového vína alebo suchého sherry
Soľ

Huby namočíme na 30 minút do vlažnej vody, potom scedíme. Stonky vyhoďte. Vodu alebo vývar prevarte s ostatnými ingredienciami a varte asi 20 minút, kým sa kura neuvarí.

Slepačia polievka s čínskymi hubami

Pre 4 osoby

25 g sušenej čínskej huby
100 g kuracieho mäsa, strúhaného
50 g nastrúhaných bambusových výhonkov
30 ml / 2 polievkové lyžice sójovej omáčky
30 ml / 2 polievkové lyžice ryžového vína alebo suchého sherry
1,2 l / 2 body / 5 dl kuracieho vývaru

Huby namočíme na 30 minút do vlažnej vody, potom scedíme. Odstráňte stonky a odrežte hlavy. Huby, kuracie mäso a bambusové výhonky blanšírujte vo vriacej vode 30 sekúnd a sceďte. Vložte ich do misky a primiešajte sójovú omáčku a víno alebo sherry. Nechajte marinovať 1 hodinu. Varte vývar, pridajte kuraciu zmes a marinádu. Dobre premiešame a dusíme niekoľko minút, kým sa kura neuvarí.

Kuracia a ryžová polievka

Pre 4 osoby

1 l / 1¾ pt / 4¼ šálky kuracieho vývaru

225 g / 8 uncí / 1 šálka varenej dlhozrnnej ryže

100 g vareného kuracieho mäsa, nakrájaného na prúžky

1 cibuľa, nakrájaná na štvrtiny

5 ml / 1 lyžička sójovej omáčky

Všetky ingrediencie zohrejte do tepla, ale polievka nevrie.

Kuracia a kokosová polievka

Pre 4 osoby

350 g kuracie prsia

Soľ

10 ml / 2 ČL kukuričnej múky (kukuričný škrob)

30 ml / 2 polievkové lyžice arašidového oleja (arašidy).

1 zelená čili papričká, nasekaná

1 l / 1¾pt / 4¼ šálky kokosového mlieka

5 ml / 1 ČL citrónovej kôry

12 liči

štipka strúhaného muškátového oriešká

soľ a čerstvo mleté korenie

2 lístky medovky

Kuracie prsia nakrájame šikmo z parmezánu na pásiky. Posypeme soľou a zalejeme kukuričným škrobom. Zahrejte 10 ml / 2 ČL oleja vo woku, premiešajte a nalejte. Opakujte ešte raz. Zohrejte zvyšok oleja a 1 minútu opečte kuracie mäso a chilli. Pridajte kokosové mlieko a priveďte do varu. Pridajte citrónovú kôru a varte na miernom ohni 5 minút. Pridáme liči, dochutíme muškátovým oriešková, soľou a korením a podávame ozdobené melisou.

Polievka z mušlí

Pre 4 osoby

2 sušené čínske huby
12 mušlí, namočených a vydrhnutých
1,5 l / 2½ pkt / 6 dl kuracieho vývaru
50 g nastrúhaných bambusových výhonkov
50 g snehového hrášku, rozpoleného
2 jarné cibuľky (zelené), nakrájané na kolieska
15 ml / 1 polievková lyžica ryžového vína alebo suchého sherry
štipka čerstvo mletého korenia

Huby namočíme na 30 minút do vlažnej vody, potom scedíme. Odstráňte stonky a nakrájajte hlavy na polovicu. Mušle naparujte asi 5 minút, kým sa neotvoria; vyhoďte všetky, ktoré zostali zatvorené. Odstráňte mušle zo škrupín. Vývar prevaríme a pridáme huby, bambusové výhonky, hrášok a jarnú cibuľku. Odkryté varíme 2 minúty. Pridajte mušle, víno alebo sherry a korenie a dusíme, kým sa nezohreje.

vajíčková polievka

Pre 4 osoby

1,2 l / 2 body / 5 dl kuracieho vývaru

3 rozšľahané vajcia

45 ml / 3 lyžice sójovej omáčky

soľ a čerstvo mleté korenie

4 jarné cibuľky (zelená cibuľka), nakrájané na plátky

Varte vývar. Po troškách pridávame rozšľahané vajcia, aby sa rozdelili na vlákna. Pridajte sójovú omáčku a dochuťte soľou a korením. Podávame ozdobené pažítkou.

Polievka z kraba a hrebenatky

Pre 4 osoby

4 sušené čínske huby

15 ml / 1 polievková lyžica arašidového oleja (arašidový olej).

1 rozšľahané vajce

1,5 l / 2½ pkt / 6 dl kuracieho vývaru

175 g krabieho mäsa vo vločkách

100 g lúpaných mušlí, nakrájaných na plátky

100 g bambusových výhonkov nakrájaných na plátky

2 jarné cibuľky (zelená cibuľka), nakrájané

1 plátok zázvoru, jemne nasekaný

niekoľko varených a ošúpaných kreviet (voliteľné)

45 ml / 3 lyžice kukuričnej múky (kukuričný škrob)

90 ml / 6 polievkových lyžíc vody

30 ml / 2 polievkové lyžice ryžového vína alebo suchého sherry

20 ml / 4 ČL sójovej omáčky

2 bielka

Huby namočíme na 30 minút do vlažnej vody, potom scedíme. Odstráňte stonky a nakrájajte hlavy na tenké plátky. Rozpálime olej, pridáme vajíčko a panvicu nakloníme tak, aby vajíčko pokrývalo dno. šéfkuchár precedíme, otočíme a opečieme z druhej strany. Vyberte z formy, zrolujte a nakrájajte na tenké pásiky.

Varte vývar, pridajte huby, prúžky vajec, krabie mäso, hrebenatky, bambusové výhonky, jarnú cibuľku, zázvor a podľa potreby krevety. Znovu prevarte. Kukuričný škrob zmiešame so 60 ml / 4 polievkovými lyžicami vody, vína alebo sherry a sóje a zmiešame s polievkou. Varte na miernom ohni za stáleho miešania, kým polievka nezhustne. Bielky vyšľaháme so zvyšnou vodou na tuhý sneh a zmes pomaly za stáleho miešania vlejeme do polievky.

krabia polievka

Pre 4 osoby

90 ml / 6 lyžíc arašidového oleja (arašidový olej).

3 cibule, nakrájané

225 g bieleho a hnedého krabieho mäsa

1 plátok zázvoru, jemne nasekaný

1,2 l / 2 body / 5 dl kuracieho vývaru

150 ml / ¼ pt / pohár ryžového vína alebo suchého sherry

45 ml / 3 lyžice sójovej omáčky

soľ a čerstvo mleté korenie

Zahrejte olej a opečte cibuľu, kým nebude mäkká, ale nie hnedá. Pridajte krabie mäso a zázvor a smažte 5 minút. Pridajte vývar, víno alebo sherry a sójovú omáčku, dochuťte soľou a korením. Priveďte do varu a varte 5 minút.

Rybacia polievka

Pre 4 osoby

225 g rybie filé
1 plátok zázvoru, jemne nasekaný
15 ml / 1 polievková lyžica ryžového vína alebo suchého sherry
30 ml / 2 polievkové lyžice arašidového oleja (arašidy).
1,5 l / 2½ bodu / 6 dl rybieho vývaru

Rybu nakrájajte na tenké prúžky proti zrnu. Zmiešajte zázvor, víno alebo sherry a olej, pridajte rybu a jemne premiešajte. Za občasného miešania nechajte 30 minút marinovať. Vývar prevaríme, pridáme rybu a dusíme 3 minúty.

Rybacia polievka a šalát

Pre 4 osoby

225 g filé z bielej ryby

30 ml / 2 polievkové lyžice múky (na všetky použitia).

soľ a čerstvo mleté korenie

90 ml / 6 lyžíc arašidového oleja (arašidový olej).

6 jarných cibuliek (zelená cibuľka), nakrájaných na plátky

100 g nakrájaného šalátu

1,2 l / 2 pt / 5 šálok vody

10 ml / 2 ČL jemne nasekaného koreňa zázvoru

150 ml / ¼ pt / ½ štedrej šálky ryžového vína alebo suchého sherry

30 ml / 2 polievkové lyžice kukuričnej múky (kukuričný škrob)

30 ml / 2 lyžice nasekanej čerstvej petržlenovej vňate

10 ml / 2 ČL citrónovej šťavy

30 ml / 2 polievkové lyžice sójovej omáčky

Rybu nakrájajte na tenké prúžky a potom ju vybaľte v ochutenej múke. Rozpálime olej a opražíme jarnú cibuľku do mäkka. Pridajte šalát a restujte 2 minúty. Pridajte rybu a varte 4 minúty. Pridajte vodu, zázvor a víno alebo sherry, priveďte do varu, prikryte a duste 5 minút. Zmiešajte kukuričný škrob s trochou vody a potom pridajte do polievky. Dusíme na miernom ohni a miešame ďalšie 4 minúty, kým polievka nezhustne.

potom opláchnite soľou a korením. Podávame posypané petržlenovou vňaťou, citrónovou šťavou a sójou.

Zázvorová polievka s mäsovými guľkami

Pre 4 osoby

5 cm / 2 kusy zázvoru, strúhaný

350 g hnedého cukru

1,5 l / 2½ bodu / 7 dl vody

225 g / 8 oz / 2 šálky ryžovej múky

2,5 ml / ½ čajovej lyžičky soli

60 ml / 4 polievkové lyžice vody

Zázvor, cukor a vodu dáme do hrnca a za stáleho miešania privedieme do varu. Prikryjeme a varíme asi 20 minút. Polievku scedíme a vrátime do hrnca.

Medzitým dáme múku a soľ do misky a po troškách premiešame s dostatočným množstvom vody, aby vznikla hustá kaša. Vytvarujte guľky a halušky nalejte do polievky. Polievku privedieme späť do varu, prikryjeme a varíme ďalších 6 minút, kým sa gnocchi neuvaria.

horúca a kyslá polievka

Pre 4 osoby

8 sušených čínskych húb
1 l / 1¾ pt / 4¼ šálky kuracieho vývaru
100 g kuracieho mäsa, nakrájaného na prúžky
100 g bambusových výhonkov nakrájaných na prúžky
100 g tofu nakrájaného na pásiky
15 ml / 1 polievková lyžica sójovej omáčky
30 ml / 2 polievkové lyžice octu
30 ml / 2 polievkové lyžice kukuričnej múky (kukuričný škrob)
2 rozšľahané vajcia
pár kvapiek sezamového oleja

Huby namočíme na 30 minút do vlažnej vody, potom scedíme. Odstráňte stonky a čiapky nakrájajte na pásiky. Huby, vývar, kuracie mäso, bambusové výhonky a tofu privedieme do varu, prikryjeme a dusíme 10 minút. Sójovú omáčku, ocot a kukuričný škrob vymiešame do hladka, pridáme do polievky a varíme 2 minúty, kým sa polievka neuvarí. Postupne pridávajte vajcia a sezamový olej, miešajte vareškou. Pred podávaním prikryte a nechajte 2 minúty odpočívať.

Hubová polievka

Pre 4 osoby

15 sušených čínskych húb
1,5 l / 2½ pkt / 6 dl kuracieho vývaru
5 ml / 1 čajová lyžička soli

Huby ponorte na 30 minút do vlažnej vody a potom sceďte, tekutinu si ponechajte. Odstráňte stonky a nakrájajte vrcholy na polovicu, ak sú veľké, a vložte ich do veľkej žiaruvzdornej nádoby. Nádobu umiestnite na stojan v parnom hrnci. Vývar prevaríme, zalejeme hubami, prikryjeme a dusíme 1 hodinu vo vriacej vode. Dochutíme soľou a podávame.

Hubová a kapustová polievka

Pre 4 osoby

25 g sušenej čínskej huby
15 ml / 1 polievková lyžica arašidového oleja (arašidový olej).
50 g / 2 oz mletých čínskych listov
15 ml / 1 polievková lyžica ryžového vína alebo suchého sherry
15 ml / 1 polievková lyžica sójovej omáčky
1,2 l / 2 body / 5 dl kuracieho alebo zeleninového vývaru
soľ a čerstvo mleté korenie
5 ml / 1 ČL sezamového oleja

Huby namočíme na 30 minút do vlažnej vody, potom scedíme. Odstráňte stonky a odrežte hlavy. Zahrejte olej a smažte huby a čínske listy 2 minúty, kým nie sú dobre pokryté. Zalejte vínom alebo sherry a sójovou omáčkou, potom pridajte vývar. Priveďte do varu, pridajte soľ, korenie a varte 5 minút. Pred podávaním pokvapkáme sezamovým olejom.

Hubová vaječná polievka

Pre 4 osoby

1 l / 1¾ pt / 4¼ šálky kuracieho vývaru
30 ml / 2 polievkové lyžice kukuričnej múky (kukuričný škrob)
100 g húb, nakrájaných na plátky
1 cibuľa nakrájaná nadrobno
štipka soli
3 kvapky sezamového oleja
2,5 ml / ½ čajovej lyžičky sójovej omáčky
1 rozšľahané vajce

Zmiešajte trochu vývaru s kukuričným škrobom a potom zmiešajte všetky ingrediencie okrem vajíčka. Priveďte do varu, prikryte a duste 5 minút. Pridajte vajíčko, miešajte vareškou tak, aby sa z vajíčka vytvorili vlákna. Pred podávaním odstráňte z tepla a nechajte 2 minúty odpočívať.

Hubová a gaštanová polievka s vodou

Pre 4 osoby

1 l / 1¾ pt / 4¼ šálky zeleninového vývaru alebo vody
2 cibule, nakrájané nadrobno
5 ml / 1 ČL ryžového vína alebo suchého sherry
30 ml / 2 polievkové lyžice sójovej omáčky
225 g šampiňónov
100 g vodných gaštanov, nakrájaných na plátky
100 g bambusových výhonkov nakrájaných na plátky
pár kvapiek sezamového oleja
2 listy šalátu, nakrájané na kúsky
2 jarné cibuľky (zelené), nakrájané na kúsky

Vodu, cibuľu, víno alebo sherry a sójovú omáčku prevaríme, prikryjeme a dusíme 10 minút. Pridáme huby, vodné gaštany a bambusové výhonky, prikryjeme a dusíme 5 minút. Pridajte sezamový olej, listy šalátu a jarnú cibuľku, odstavte z ohňa, prikryte a nechajte pred podávaním 1 minútu odstáť.

Bravčové mäso a hubová polievka

Pre 4 osoby

60 ml / 4 polievkové lyžice arašidového oleja (arašidy).

1 strúčik cesnaku, rozdrvený

2 cibule, nakrájané na plátky

225 g chudého bravčového mäsa nakrájaného na prúžky

1 stonkový zeler, nakrájaný

50 g šampiňónov nakrájaných na plátky

2 mrkvy, nakrájané na plátky

1,2 l / 2 body / 5 dl hovädzieho vývaru

15 ml / 1 polievková lyžica sójovej omáčky

soľ a čerstvo mleté korenie

15 ml / 1 polievková lyžica kukuričnej múky (kukuričný škrob)

Rozohrejeme olej a restujeme cesnak, cibuľu a bravčové mäso, kým cibuľa nezmäkne a nezhnedne. Pridáme zeler, šampiňóny a mrkvu, prikryjeme a dusíme 10 minút. Vývar prevarte, potom ho pridajte do panvice so sójovou omáčkou a dochuťte soľou a korením. Zmiešajte kukuričný škrob s trochou vody, potom ho nalejte do panvice a duste za stáleho miešania asi 5 minút.

Polievka z bravčového mäsa a žeruchy

Pre 4 osoby

1,5 l / 2½ pkt / 6 dl kuracieho vývaru
100 g chudého bravčového mäsa, nakrájaného na prúžky
3 stonky zeleru, šikmo nakrájané
2 jarné cibuľky (zelená cibuľka), nakrájané na plátky
1 zväzok žeruchy
5 ml / 1 čajová lyžička soli

Vývar privedieme do varu, pridáme bravčové mäso a zeler, prikryjeme a dusíme 15 minút. Pridáme jarnú cibuľku, žeruchu a soľ a dusíme odokryté asi 4 minúty.

Uhorková bravčová polievka

Pre 4 osoby

100 g chudého bravčového mäsa, nakrájaného na tenké plátky
5 ml / 1 ČL kukuričnej múky (kukuričný škrob)
15 ml / 1 polievková lyžica sójovej omáčky
15 ml / 1 polievková lyžica ryžového vína alebo suchého sherry
1 uhorka
1,5 l / 2½ pkt / 6 dl kuracieho vývaru
5 ml / 1 čajová lyžička soli

Zmiešajte bravčové mäso, kukuričný škrob, sójovú omáčku a víno alebo sherry. Premiešame, aby sa bravčové obalilo. Uhorku ošúpeme a prekrojíme pozdĺžne na polovicu, potom odstránime jadierka. Nakrájajte na hrubé plátky. Vývar priveďte do varu, pridajte bravčové mäso, prikryte a duste 10 minút. Pridajte uhorku a dusíme niekoľko minút, kým nebude priehľadná. Osolíme a podľa potreby pridáme ešte trochu sóje.

Mäsová guľa a rezancová polievka

Pre 4 osoby

50 g ryžových rezancov
225 g mletého bravčového mäsa (mleté).
5 ml / 1 ČL kukuričnej múky (kukuričný škrob)
2,5 ml / ½ čajovej lyžičky soli
30 ml / 2 polievkové lyžice vody
1,5 l / 2½ pkt / 6 dl kuracieho vývaru
1 jarná cibuľka (zelená cibuľka), nakrájaná nadrobno
5 ml / 1 lyžička sójovej omáčky

Počas prípravy mäsových guľôčok namočte rezance do studenej vody. Zmiešajte bravčové mäso, kukuričný škrob, trochu soli a vody a vytvarujte guľky veľkosti vlašského orecha. Hrniec s vodou privedieme do varu, pridáme mleté bravčové guľky, prikryjeme a dusíme 5 minút. Rezance scedíme a dobre scedíme. Vývar priveďte do varu, pridajte mleté bravčové guľky a rezance, prikryte a duste 5 minút. Pridáme jarnú cibuľku, sójovú omáčku a zvyšnú soľ a dusíme ďalšie 2 minúty.

Špenátová a tofu polievka

Pre 4 osoby

1,2 l / 2 body / 5 dl kuracieho vývaru
200 g paradajok v konzerve, scedených a nakrájaných
225 g tofu nakrájaného na kocky
225 g nasekaného špenátu
30 ml / 2 polievkové lyžice sójovej omáčky
5 ml / 1 lyžička. lyžička hnedého cukru
soľ a čerstvo mleté korenie

Vývar prevaríme, pridáme paradajky, tofu a špenát a jemne premiešame. Opäť priveďte do varu a 5 minút povarte. Pridáme sóju a cukor a dochutíme soľou a korením. Pred podávaním necháme 1 minútu povariť.

Polievka zo sladkej kukurice a krabov

Pre 4 osoby

1,2 l / 2 body / 5 dl kuracieho vývaru
200 g sladkej kukurice
soľ a čerstvo mleté korenie
1 rozšľahané vajce
200 g krabieho mäsa, vo vločkách
3 šalotky, nakrájané

Vývar prevaríme, pridáme kukuricu a dochutíme soľou a korením. Varte na miernom ohni 5 minút. Tesne pred podávaním rozbijeme vajíčka vidličkou a vmiešame ich do polievky. Podávame posypané krabím mäsom a nakrájanou šalotkou.

sečuánska polievka

Pre 4 osoby

4 sušené čínske huby
1,5 l / 2½ pkt / 6 dl kuracieho vývaru
75 ml / 5 polievkových lyžíc suchého bieleho vína
15 ml / 1 polievková lyžica sójovej omáčky
2,5 ml / ½ čajovej lyžičky horúcej omáčky
30 ml / 2 polievkové lyžice kukuričnej múky (kukuričný škrob)
60 ml / 4 polievkové lyžice vody
100 g chudého bravčového mäsa, nakrájaného na prúžky
50 g varenej šunky, nakrájanej na prúžky
1 červená paprika, nakrájaná na prúžky
50 g vodných gaštanov, nakrájaných na plátky
10 ml / 2 lyžičky octu
5 ml / 1 ČL sezamového oleja
1 rozšľahané vajce
100 g ošúpaných kreviet
6 nasekaných jarných cibuľiek (zelená cibuľka).
175 g tofu nakrájaného na kocky

Huby namočíme na 30 minút do vlažnej vody, potom scedíme. Odstráňte stonky a odrežte hlavy. Prineste vývar, víno, sóju omáčka a čili omáčka do varu, prikryte a 5 minút povarte. Zmiešajte kukuričný škrob s polovicou vody a pridajte do polievky, miešajte do zhustnutia. Pridáme huby, bravčové mäso, šunku, korenie a vodné gaštany a 5 minút podusíme. Zmiešajte ocot a sezamový olej. Vajíčko rozšľaháme so zvyšnou vodou a za stáleho miešania vlejeme do polievky. Pridáme krevety, jarnú cibuľku a tofu a pár minút podusíme, aby sa prehriali.

tofu polievka

Pre 4 osoby

1,5 l / 2½ pkt / 6 dl kuracieho vývaru

225 g tofu nakrájaného na kocky

5 ml / 1 čajová lyžička soli

5 ml / 1 lyžička sójovej omáčky

Vývar prevaríme a pridáme tofu, soľ a sóju. Dusíme niekoľko minút, kým tofu nie je horúce.

Ryba a tofu polievka

Pre 4 osoby

225 g filé z bielej ryby, nakrájané na prúžky
150 ml / ¼ pt / ½ štedrej šálky ryžového vína alebo suchého sherry
10 ml / 2 ČL jemne nasekaného koreňa zázvoru
45 ml / 3 lyžice sójovej omáčky
2,5 ml / ½ čajovej lyžičky soli
60 ml / 4 polievkové lyžice arašidového oleja (arašidy).
2 cibule, nakrájané
100 g húb, nakrájaných na plátky
1,2 l / 2 body / 5 dl kuracieho vývaru
100 g tofu, nakrájaného na kocky
soľ a čerstvo mleté korenie

Vložte rybu do misky. Zmiešame víno alebo sherry, zázvor, sóju a soľ a nalejeme na rybu. Nechajte 30 minút marinovať. Zahrejte olej a 2 minúty opečte cibuľu. Pridajte huby a ďalej restujte, kým cibuľa nezmäkne, ale nezhnedne. Pridajte rybu a marinádu, priveďte do varu, prikryte a duste 5 minút. Pridajte vývar, priveďte do varu, prikryte a duste 15 minút. Pridáme tofu a dochutíme soľou a korením. Varíme, kým sa tofu nerozvarí.

Paradajková polievka

Pre 4 osoby

400 g paradajok v konzerve, scedených a nakrájaných
1,2 l / 2 body / 5 dl kuracieho vývaru
1 plátok zázvoru, jemne nasekaný
15 ml / 1 polievková lyžica sójovej omáčky
15 ml / 1 polievková lyžica čili omáčky
10 ml / 2 lyžičky cukru

Všetky ingrediencie dáme do hrnca a za občasného miešania privedieme do varu. Pred podávaním varte asi 10 minút.

Paradajková polievka a špenátová polievka

Pre 4 osoby

1,2 l / 2 body / 5 dl kuracieho vývaru

225 g drvených paradajok v plechovke

225 g tofu nakrájaného na kocky

225 g špenátu

30 ml / 2 polievkové lyžice sójovej omáčky

soľ a čerstvo mleté korenie

2,5 ml / ½ čajovej lyžičky cukru

2,5 ml / ½ čajovej lyžičky ryžového vína alebo suchého sherry

Vývar privedieme do varu, pridáme paradajky, tofu a špenát a 2 minúty podusíme. Pridajte ostatné ingrediencie a 2 minúty povarte, potom dobre premiešajte a podávajte.

repová polievka

Pre 4 osoby

1 l / 1¾ pt / 4¼ šálky kuracieho vývaru
1 veľká repa, nakrájaná na tenké plátky
200 g chudého bravčového mäsa, nakrájaného na tenké plátky
15 ml / 1 polievková lyžica sójovej omáčky
60 ml / 4 lyžice brandy
soľ a čerstvo mleté korenie
4 šalotky nakrájané nadrobno

Vývar privedieme do varu, pridáme repku a bravčové mäso, prikryjeme a dusíme 20 minút, kým repa nezmäkne a mäso sa neprepečie. Zmiešajte sójovú omáčku a brandy korenie podľa chuti. Varíme do tepla a podávame posypané šalotkou.

polievka

Pre 4 osoby

6 sušených čínskych húb
1 l / 1¾ pt / 4¼ šálky zeleninového vývaru
50 g bambusových výhonkov nakrájaných na prúžky
50 g vodných gaštanov, nakrájaných na plátky
8 snehových hrách, nakrájaných na plátky
5 ml / 1 lyžička sójovej omáčky

Huby namočíme na 30 minút do vlažnej vody, potom scedíme. Odstráňte stonky a čiapky nakrájajte na pásiky. Pridajte ich do vývaru s bambusovými výhonkami a vodnými gaštanmi a priveďte do varu, prikryte a duste 10 minút. Pridáme snehový hrášok a sóju, prikryjeme a dusíme 2 minúty. Pred podávaním necháme 2 minúty postáť.

vegetariánska polievka

Pre 4 osoby

¼ kapusty

2 mrkvy

3 stonky zeleru

2 jarné cibuľky (šalotka)

30 ml / 2 polievkové lyžice arašidového oleja (arašidy).

1,5 l / 2½ bodu / 6 šálok vody

15 ml / 1 polievková lyžica sójovej omáčky

15 ml / 1 polievková lyžica ryžového vína alebo suchého sherry

5 ml / 1 čajová lyžička soli

čerstvo mleté korenie

Zeleninu nakrájame na pásiky. Rozpálime olej a zeleninu opekáme 2 minúty, kým nezačne mäknúť. Pridáme ostatné suroviny, privedieme do varu, prikryjeme a dusíme 15 minút.

žeruchová polievka

Pre 4 osoby

1 l / 1¾ pt / 4¼ šálky kuracieho vývaru
1 cibuľu nakrájanú nadrobno
1 stonkový zeler nakrájaný nadrobno
225 g žeruchy nasekanej nahrubo
soľ a čerstvo mleté korenie

Vývar, cibuľu a zeler privedieme do varu, prikryjeme a dusíme 15 minút. Pridáme žeruchu, prikryjeme a dusíme 5 minút. Dochutíme soľou a korením.

Vyprážané ryby so zeleninou

Pre 4 osoby

4 sušené čínske huby

4 celé ryby, očistené a bez šupín

olej na vyprážanie

30 ml / 2 polievkové lyžice kukuričnej múky (kukuričný škrob)

45 ml / 3 lyžice arašidového oleja (arašidy).

100 g bambusových výhonkov nakrájaných na prúžky

50 g vodných gaštanov nakrájaných na prúžky

50 g čínskej kapusty, nakrájanej

2 plátky zázvoru, nasekané

30 ml / 2 polievkové lyžice ryžového vína alebo suchého sherry

30 ml / 2 polievkové lyžice vody

15 ml / 1 polievková lyžica sójovej omáčky

5 ml / 1 lyžička cukru

120 ml / 4 fl oz / ¬Ω šálka rybieho vývaru

soľ a čerstvo mleté korenie

¬Ω hlávkový šalát, strúhaný

15 ml / 1 polievková lyžica nasekaných petržlenových listov

Huby namočíme na 30 minút do vlažnej vody, potom scedíme. Odstráňte stonky a odrežte hlavy. Do stredu posypte rybu kukuričnú múčku a prebytočnú zmes vytraste. Rozpálime olej a rybu opekáme asi 12 minút, kým nie je uvarená. Scedíme na savom papieri a udržiavame v teple.

Rozpálime olej a 3 minúty opekáme huby, bambusové výhonky, vodné gaštany a bielu kapustu. Pridajte zázvor, víno alebo sherry, 15 ml/1 ČL vody, sóju a cukor a smažte 1 minútu. Pridajte vývar, soľ a korenie, priveďte do varu, prikryte a duste 3 minúty. Kukuričný škrob zmiešame so zvyšnou vodou, nalejeme do hrnca a za stáleho miešania dusíme, kým omáčka nezhustne. Šalát položte na servírovací tanier a naň položte rybu. Prelejeme zeleninou a omáčkou a podávame ozdobené petržlenovou vňaťou.

Celá pečená ryba

Pre 4 osoby

1 veľká basa alebo podobná ryba
45 ml / 3 lyžice kukuričnej múky (kukuričný škrob)
45 ml / 3 lyžice arašidového oleja (arašidy).
1 nakrájanú cibuľu
2 strúčiky cesnaku, nasekané
50 g šunky nakrájanej na prúžky
100 g ošúpaných kreviet
15 ml / 1 polievková lyžica sójovej omáčky
15 ml / 1 polievková lyžica ryžového vína alebo suchého sherry
5 ml / 1 lyžička cukru
5 ml / 1 čajová lyžička soli

Rybu zasypte kukuričným škrobom. Rozpálime olej a opražíme cibuľu a cesnak do zlatista. Pridajte rybu a opečte do zlatista z oboch strán. Rybu položíme na alobal do zapekacej misy a na vrch dáme šunku a krevety. Do hrnca pridajte sójovú omáčku, víno alebo sherry, cukor a soľ a dobre premiešajte. Nalejte na rybu, zatvorte ju alobalom a pečte v predhriatej rúre pri teplote 150 ¬∞C / 300 ¬∞F / plyn stupeň 2 počas 20 minút.

Dusená sójová ryba

Pre 4 osoby

1 veľká basa alebo podobná ryba

Soľ

50 g / 2 oz / ½ šálka univerzálnej múky.

60 ml / 4 polievkové lyžice arašidového oleja (arašidy).

3 plátky koreňa zázvoru, nasekané

3 jarné cibuľky (zelená cibuľka), nakrájané

250 ml / 8 tekutých uncí / 1 šálka vody

45 ml / 3 lyžice sójovej omáčky

15 ml / 1 polievková lyžica ryžového vína alebo suchého sherry

2,5 ml / ½ lyžičky cukru

Rybu očistíme, olúpeme a z oboch strán šikmo nakrájame. Posypte soľou a nechajte 10 minút postáť. Rozpálime olej a rybu opečieme z oboch strán dozlatista, raz otočíme a počas pečenia polejeme olejom. Pridajte zázvor, jarnú cibuľku, vodu, sóju, víno alebo sherry a cukor, priveďte do varu, prikryte a duste 20 minút, kým sa ryba neuvarí. Podávajte teplé alebo studené.

Sójová ryba v ustricovej omáčke

Pre 4 osoby

1 veľká basa alebo podobná ryba

Soľ

60 ml / 4 polievkové lyžice arašidového oleja (arašidy).

3 jarné cibuľky (zelená cibuľka), nakrájané

2 plátky zázvoru, nasekané

1 strúčik cesnaku, rozdrvený

45 ml / 3 lyžice ustricovej omáčky

30 ml / 2 polievkové lyžice sójovej omáčky

5 ml / 1 lyžička cukru

250 ml / 8 fl oz / 1 šálka rybieho vývaru

Rybu očistite a odlúpnite a na každej strane niekoľkokrát diagonálne ryjte. Posypte soľou a nechajte 10 minút postáť. Väčšiu časť oleja rozohrejeme a zlatú rybku z oboch strán raz otočíme. Medzitým na samostatnej panvici zohrejte zvyšný olej a opečte na ňom jarnú cibuľku, zázvor a cesnak dozlatista. Pridáme ustricovú omáčku, sóju a cukor a smažíme 1 minútu. Pridajte vývar a priveďte do varu. Zmes vlejeme do ježovky, privedieme do varu, prikryjeme a dusíme cca.

15 minút, kým sa ryba neuvarí, počas pečenia raz alebo dvakrát otočte.

dusený morský vlk

Pre 4 osoby

1 veľká basa alebo podobná ryba
2,25 l / 4 kusy / 10 pohárov vody
3 plátky koreňa zázvoru, nasekané
15 ml / 1 polievková lyžica soli
15 ml / 1 polievková lyžica ryžového vína alebo suchého sherry
30 ml / 2 polievkové lyžice arašidového oleja (arašidy).

Rybu očistite a odlúpnite a na oboch stranách niekoľkokrát šikmo narežte. Vo veľkom hrnci prevarte vodu a pridajte ostatné ingrediencie. Rybu ponorte do vody, pevne prikryte, vypnite oheň a nechajte 30 minút, kým sa ryba neuvarí.

Dusená ryba s hubami

Pre 4 osoby

4 sušené čínske huby
1 veľký kapor alebo podobná ryba
Soľ
45 ml / 3 lyžice arašidového oleja (arašidy).
2 jarné cibuľky (zelená cibuľka), nakrájané
1 plátok zázvoru, jemne nasekaný
3 strúčiky cesnaku, nasekané
100 g bambusových výhonkov nakrájaných na prúžky
250 ml / 8 fl oz / 1 šálka rybieho vývaru
30 ml / 2 polievkové lyžice sójovej omáčky
15 ml / 1 polievková lyžica ryžového vína alebo suchého sherry
2,5 ml / ¬Ω lyžičky cukru

Huby namočíme na 30 minút do vlažnej vody, potom scedíme. Odstráňte stonky a odrežte hlavy. Rybu niekoľkokrát šikmo nakrájajte na oboch stranách, posypte soľou a nechajte 10 minút. Rozpálime olej a rybu opečieme z oboch strán dozlatista. Pridajte jarnú cibuľku, zázvor a cesnak a smažte 2 minúty. Pridáme ostatné suroviny, privedieme do varu, prikryjeme a dusíme 15 minút, kým sa ryba neuvarí, pričom raz alebo dvakrát otočíme a občas premiešame.

sladkokyslé ryby

Pre 4 osoby

1 veľká basa alebo podobná ryba
1 rozšľahané vajce
50 g kukuričnej múky (kukuričný škrob)
olej na vyprážanie

Na omáčku:

15 ml / 1 polievková lyžica arašidového oleja (arašidový olej).
1 zelená paprika, nakrájaná na prúžky
100 g konzervovaného ananásu v sirupe
1 cibuľa, nakrájaná na štvrtiny
100 g / 4 oz / ¬Ω šálka hnedého cukru
60 ml / 4 polievkové lyžice kuracieho vývaru
60 ml / 4 polievkové lyžice octu
15 ml / 1 polievková lyžica paradajkového pretlaku √ © e (cestoviny)
15 ml / 1 polievková lyžica kukuričnej múky (kukuričný škrob)
15 ml / 1 polievková lyžica sójovej omáčky
3 jarné cibuľky (zelená cibuľka), nakrájané

Rybu očistite a ak chcete, odstráňte plutvy a hlavu. Namočte do rozšľahaného vajíčka a potom do kukuričného škrobu. Zahrejte olej a smažte ryby, kým nebudú varené. Dobre sceďte a udržujte v teple.

Na omáčku rozohrejeme olej a papriku, scedený ananás a cibuľu opražíme 4 minúty. Pridajte 30 ml / 2 polievkové lyžice ananásového sirupu, cukor, vývar, ocot, paradajkový pretlak, kukuričný škrob a sójovú omáčku a za stáleho miešania priveďte do varu. Na miernom ohni za stáleho miešania dusíme, kým sa omáčka nevyjasní a nezhustne. Rybu polejeme a podávame posypané jarnou cibuľkou.

Ryby plnené bravčovým mäsom

Pre 4 osoby

1 veľký kapor alebo podobná ryba

Soľ

100 g mletého bravčového mäsa (mleté).

1 jarná cibuľka (zelená cibuľka), nakrájaná

4 plátky koreňa zázvoru, nasekané

15 ml / 1 polievková lyžica kukuričnej múky (kukuričný škrob)

60 ml / 4 polievkové lyžice sójovej omáčky

15 ml / 1 polievková lyžica ryžového vína alebo suchého sherry

5 ml / 1 lyžička cukru

75 ml / 5 polievkových lyžíc arašidového oleja (arašidový olej).

2 strúčiky cesnaku, nasekané

1 cibuľa, nakrájaná na plátky

300 ml / ¬Ω pt / 1¬° šálka vody

Rybu očistíme, olúpeme a posypeme soľou. Zmiešajte bravčové mäso, jarnú cibuľku, trochu zázvoru, kukuričný škrob, 15 ml/1 ČL sójovej omáčky, víno alebo sherry a cukor a použite na plnenie rýb. Rozohrejte olej a rybu opečte z oboch strán dozlatista, potom vyberte z panvice a vypustite väčšinu oleja. Pridajte zvyšok cesnaku a zázvor a opečte dozlatista.

Pridajte zvyšok sójovej omáčky a vody, priveďte do varu a varte 2 minúty. Rybu vráťte do panvice, prikryte a duste asi 30 minút, kým sa ryba neuvarí, raz alebo dvakrát otočte.

Pomaly varený pikantný kapor

Pre 4 osoby

1 veľký kapor alebo podobná ryba
150 ml / ¬° pt / šálka bohatého ¬Ω arašidového oleja (arašidy).
15 ml / 1 polievková lyžica cukru
2 strúčiky cesnaku nakrájané nadrobno
100 g bambusových výhonkov nakrájaných na plátky
150 ml / ¬° pt / dobrá ¬Ω šálka rybieho vývaru
15 ml / 1 polievková lyžica ryžového vína alebo suchého sherry
15 ml / 1 polievková lyžica sójovej omáčky
2 jarné cibuľky (zelená cibuľka), nakrájané
1 plátok zázvoru, jemne nasekaný
15 ml / 1 polievková lyžica slaného octu

Rybu očistite a zbavte šupín a namočte ju na niekoľko hodín do studenej vody. Scedíme a osušíme, potom každú stranu niekoľkokrát narežeme. Rozpálime olej a rybu opekáme z oboch strán, kým nestuhne. Vyberte z panvice a nalejte a odložte všetko okrem 30 ml/2 polievkové lyžice oleja. Pridajte cukor na panvicu a miešajte, kým nesčernie. Pridajte cesnak a bambusové výhonky a dobre premiešajte. Pridajte zvyšné ingrediencie, priveďte do varu, potom rybu vráťte do panvice, prikryte a duste asi 15 minút, kým sa ryba neuvarí.

Rybu vložíme do teplej misky a zalejeme omáčkou.

www.ingramcontent.com/pod-product-compliance
Lightning Source LLC
Chambersburg PA
CBHW071905110526
44591CB00011B/1557